# ROTE WAND
## DAS KOCHBUCH

csv

# Inhaltsverzeichnis

**Unser Herz schlägt für gutes Essen**
Vorwort von Joschi Walch, 9

## Das Frühstück

**Eierspeisen**

Eggs Benedict und English Muffins, 20

Omelette mit Speck, Hochalpkäse
und Eierschwammerl, 22

Eggs Tomato, 25

Rührei mit Ziegenkäse, Kürbiskernen
und Kürbiskernöl, 26

**Shakshuka zum Frühstück**, 28
Hummus, Tabouleh, Shakshuka, 31

Granola, 32

**Die kleine, feine Backstube**, 35
Brioche, 35
Rote-Wand-Rolls, 36

**Süße Speisen**
French Toasts, 39
Buttermilchwaffeln, 41
Pancakes, 44
Palatschinken mit Haselnussaufstrich, 47

**Gebeizter Fisch**
mit Dill-Honig-Senf Sauce, 49

6 frisch gepresste Säfte, 52

**Veggie-Frühstück**
Röstbrot mit Tomate
und Guter-Heinrich-Pesto, 53

## Die Wirtshausküche

**Zehn Rote-Wand-Klassiker**

Beuscherl, 60

Geröstete Knödel mit Ei, 63

Brathendl mit Apfel und Risibisi, 64

Kalbsleber mit Kartoffelpüree,
Zwiebelsauce und Röstzwiebeln, 68

Hirschragout mit Topfenspätzle
und Preiselbeeren, 69

Knuspriger Schweinebauch
mit Krautsalat und Semmelknödeln, 75

Backfleisch mit Röstkartoffeln
und Krenmayonnaise, 77

Fischstäbchen mit Kartoffelsalat
und Sauce Tartare, 78

Gröstl mit Spiegelei und Salat, 81

Käsknöpfle, 85

**Molkerei, mitten im Haus,** 86

**Fünf Nachspeisen-Klassiker**

Buttermilchschmarrn
mit Zwetschkenröster, 90

Buchteln mit Vanillesauce, 94

Rote-Wand-Nocken, 98

Sig-Knödel, 100

Scheiterhaufen, 103

## Die süße Jause

Blechkuchen mit Marillen, 106

Linzer Kuchen, 109

Schokotorte, 112

Topfenobersschnitte, 114

Topfenkuchen, 117

## Das Fondue

Fondue Chinoise, Fondue Bourguignonne, Käsefondue, 126

Fischfondue, Currysauce, Knoblauchsauce, Miso-Mayonnaise, 127

Ajvar, Mixed Pickles, 128

Knoblauchbaguette, Eisbergsalat mit Haus-Dressing, 129

Schoko-Fondue, 132

## Die Abendmenüs

### Das Prinzip der Rote-Wand-Küche
Von Florian Armbruster, 137

### Vorspeisen

Stundenei mit Erbsen, Radieschen und Kartoffelcrunch, 143

Ravioli vom Flötzerhuhn mit Maiscreme und Kräuteröl, 145

Kalbstatar mit eingelegtem Spargel, Bergkäse und Kartoffelsticks, 149

Gebeizter Saibling mit Kohlrabi, grünem Apfel und Wasabi, 151

Confierte Lachsforelle mit Holunderblüten, Gurke und Dill, 156

### Der Fisch von nebenan, 158

### Suppen

Rindsbrühe mit Fritatten, Grießnockerl oder Kaspressknödeln, 165

Tomatenessenz mit Topfen-Basilikum-Nocken, 168

Hühner-Consommé mit Pilzroulade, 171

Sellerieschaumsuppe mit Ribiseln, Fichtenöl und Fichtenwipferl, 173

Erbsen-Minz-Schaumsuppe mit Crème-fraîche-Nocke, 176

### Salate

Gebratener Karfiol mit Tomaten, Senf und Kapern, 180

Rotkraut, Walnüsse und Ziegenkäse, 183

Spinatsalat mit Karotten, Hochalpkäse und Ribiseln, 185

Vogerlsalat mit eingelegtem Kürbis, gerösteten Haselnüssen und Apfel, 188

Gurkensalat mit Dillblüten, 191

### Hauptspeisen

Lachsforelle mit Mangold-Eierschwammerl-Ragout, Pappardelle und Buttersauce, 195

Zander mit Graupen-Wirsing-Risotto, Speckschaum und Wirsingchips, 197

Schlutzkrapfen mit Spinat und Bergkäse, 201

Riebelschnitte mit glasierten Salatherzen und Bergkäse, 204

Hirschrücken mit Kartoffelbaumkuchen, Steinpilzen und gebratener Marille, 205

### Desserts

Heidelbeerdatschi mit Vanilleeis, 212

Sig-Crème-Brûlée, 213

Walnusstarte mit Zimteis, 217

Apfelküchle mit Vanillesauce, 218

Holunderblütenparfait mit marinierten Himbeeren, 220

**Bester Käse und
unser begehrtestes Rezept**
Apfelbrot, 225

# Die Cocktails

Rote-Wand-Spritz, 230

Ginger Raspberry, 230

Resurrection
plus Ingwersirup
und Earl-Grey-Rum, 231

Espresso Martini, 231

Excelsior
plus Gurken-Holunder-Sirup, 233

Basil Smash, 233

Rhabarber-Dill-Spritzer
plus Rhabarber-Dill-Sirup, 234

Mandarin Gimlet, 234

# Der Rote Wand Chef's Table

**Die regionale Königsklasse**
Von Max Natmessnig, 239

Welcome Drink:
One for the Money, 242

**Finger Dishes**

Waffeln mit Hühnerleberparfait
und eingelegtem Sanddorn, 247

Rote-Rüben-Hippe mit Räucherforellen-Tatar, eingelegter Roter
Rübe und Forellenkaviar, 249

Erbsentartelette, 253

Pilztartelette, 254

Kartoffelsoufflé mit Crème fraîche
und Forellenkaviar, 257

Gebackene Flusskrebsbällchen
mit Zitronenmayonnaise, 260

Enten-Gyoza mit roh mariniertem
Spitzkraut, 264

Buchweizenblini mit geräuchertem
Aal und Radieschen, 268

Schwarzbrot-Chips mit Bergforellentatar
und Krenmousse, 269

**Appetizer**

Gazpacho mit gegrillten Artischocken
und Salatherzen, Kräutern und
Artischocken-Chips, 273

Bärlauch-Chawanmushi in
Geflügelconsommé mit Schnecken
und Knochenmark, 275

Steinpilz-Raviolo im Pilzsud mit
Perlzwiebeln und geröstetem Pilzöl, 279

Confiertes Ei mit Kräutersabayon
und Zwiebelmarmelade, 281

Gegrillter eingelegter Spargel und
gebeizter Saibling mit Miso-Sabayon
und Fischhaut-Chips, 286

Eingelegte Tomaten mit Holunderkapern
und Estragon-Granité, 289

Confierter Saibling mit Buttermilch-
Schnittlauch-Vinaigrette und
Saiblingskaviar, 291

Blutwurst mit gepökelter Kalbszunge
und eingelegten Ribiseln, 295

Bergforellen-Ceviche mit Apfel,
Kohlrabi und Korianderöl, 299

Bayerische Garnele mit Kräutersalat,
Lardo und Spitzpaprikaschaum, 303

Gebratener Zander mit Blumenkohl, Salzzitrone, Mandeln und Beurre Blanc, 305

## Mains

Pilzconsommé mit geräucherter Crème fraîche, gegrilltem grünen Spargel, Pilzen und Pilzöl, 312

Einkornrisotto mit eingelegtem Kürbis, Kräutern und Bergkäseschaum, 315

Sellerierose mit Sellerie-Apfel-Salat und Sellerieschaum, 318

Perlhuhnbrust und Perlhuhn-Ragout mit Vin-Jaune-Sabayon und Trüffeln, 321

Gegrillte Taubenbrust mit Yakitori-Taubenhaxe, Grünkohl, Zwetschke und gepufftem Buchweizen, 326

Gedämpfter Rehrücken mit gegrillter Roter Rübe, Rote-Rüben-Vinaigrette und Rote-Rüben-Chips, 329

Saibling im Salzteig mit Zitronensauce und Fenchel-Orangen-Salat, 332

Gedämpfter Zander mit Zanderkarkassensud, Flusskrebsen und Spitzkraut, 336

Gebratener Lammrücken mit Topinamburpüree, Topinambur-Chips, Bärlauchsauce und Schnittlauchöl, 339

## Desserts

Apfel-Sauerampfer-Sorbet mit Gin, 344

Zugerbombe, 347

Walderdbeer-Zitronen-Tartelettes mit italienischer Meringue, 349

Krokant mit Frischkäsemousse, Heidelbeersorbet und marinierten Heidelbeeren, 351

Lavendel-Stachelbeer-Macarons, 354

In Mandelteig gebackene Ofenmarillen mit Streusel und Sauerrahmeis, 358

Süße Hippe mit Joghurtmousse und Kirschen, 361

Milcheis mit Meringue und Salzkaramell, 363

Erdbeeren in Erdbeerwasser mit Joghurt-Holunder-Sorbet und Erdbeerchips, 364

Braune-Butter-Madeleines, 367

## Alkoholfreie Getränke

Rote-Rüben-Pilz-Tee plus Pilzauszug und Pilzsirup, 372

Sauerampfermilch plus Essigsirup, 373

Kürbis-Apfel-Saft, 373

Kirsch-Lavendel-Saft plus Lavendelessig, 375

Berg-Minz-Soda, 376

Gurken-Erbsen-Drink, 379

Sanddorn-Limetten-Cocktail plus Sanddornsirup, 380

Tomaten-Holunderblüten-Wasser plus Tomatenwasser, 383

Paprika-Yuzu-Drink, 384

Zitronenverbene-Limonade, 384

**Die Grundrezepte,** 387

**Rezeptregister,** 392

**Danksagung,** 397

Joschi und Natascha Walch
mit Alma

# Unser Herz schlägt für gutes Essen

Von Joschi Walch

**Die Rote Wand ist ein kulinarisches Kompetenzzentrum. Das war sie immer schon, in ihrer ganzen, inzwischen über sechzigjährigen Geschichte. Dass es so ist, hat viel mit meinen Eltern zu tun. Meine Mama Burgi kümmerte sich, seit es die Rote Wand gibt, darum, dass in der Küche alles passt. Sie gab acht, dass der Schweinsbraten mit einer perfekten Kruste aus dem Ofen kam.**

Sie schaute darauf, dass die Haut des Brathenderls wirklich knusprig war. Selbst wenn die Gäste Chips oder Pommes frites haben wollten, sagte sie nicht Nein: Sie machte einfach selbst Chips und Pommes frites, aus den besten Erdäpfeln, die sie kriegen konnte.

Meine Mama hat dafür gesorgt, dass die Rote Wand als ein Haus bekannt wurde, in dem ehrlich gekocht wird. Ehrlich, das bedeutet: Was die Gäste bestellen, das bekommen sie auch. Frisch gekocht.

Mein Vater Josef Walch sen. erfand die Schlittenfahrten von Lech hinauf nach Zug, und er wusste, dass die Gäste am Zielort ihres Ausflugs etwas essen wollten. Er hatte die Idee, dass es Spaß machen könnte, Fondue zu essen. So brachte er diese gesellige Speise auf den Arlberg und begründete eine Tradition, die bis heute gültig ist – und in diesem Buch auch gewürdigt wird.

So waren die Voraussetzungen, als ich das Haus übernommen habe. Für mich ist die Küche das spirituelle Zentrum unseres Hotels. Das wusste ich schon irgendwie, als noch die Mama gekocht hat. Aber nach meiner Ausbildung und ein paar Auslandsaufenthalten wusste ich es noch besser.

Das Thema Essen hat mich seither jeden Tag beschäftigt. Natürlich in den beiden Saisons, als ich selbst Küchenchef in der Roten Wand war. Aber auch in den Jahren darauf, als wir uns gemeinsam mit unseren Mitarbeitern darum bemüht haben, dass jedes einzelne Gericht, das aus unserer Küche herausgeschickt wird, den höchsten Ansprüchen genügt.

Natürlich hat das auch mit der Kochkunst unserer Mitarbeiter zu tun. Aber der Kampf um den perfekten Teller beginnt schon viel früher. Wir haben uns stets darum bemüht, nur mit den besten Zutaten zu arbeiten. Wir haben in unserer Umgebung geforscht, wer das beste Gemüse anbaut und wer die besten Hühner züchtet – und wir haben nie aufgehört, mit unseren Lieferanten darüber zu sprechen, wie das eine oder andere Lebensmittel vielleicht noch ein bisschen besser, aromatischer, großartiger werden könnte.

Denn der Geschmack entsteht lange, bevor eine Zutat in der Küche verarbeitet wird. Das wissen wir, und wir sind bereit, diese exzellenten Lebensmittel auch gut zu bezahlen. Wenn wir uns als kulinarisches Kompetenzzentrum verstehen, dann müssen wir auch bereit sein, diesen Aufwand zu treiben – und wir sind dazu bereit.

Die Rote Wand bietet auf harmonische Weise verschiedene Küchenkonzepte an, die wir in diesem Buch gleichberechtigt vorstellen wollen. Es geht um alle Mahlzeiten des Tages. Vom raffinierten Frühstück über die traditionelle Wirtshausküche, die in unseren Stuben serviert wird, bis zur exquisiten Hotelküche, die unsere Gäste täglich mit sechs Gängen verwöhnt, und den Drinks an der Hotelbar. Am Schluss stehen die Rezepte unseres Fine Dining Restaurants Rote Wand Chef's Table im Schualhus, mit denen wir zeigen, dass wir wissen, wie Weltküche funktioniert – in einem winzigen Dorf hinten am Arlberg.

Das ist die Spannbreite, für die wir leben: Ehrfurcht vor den kulinarischen Traditionen. Freude an der kreativen Zukunft.

Dass gutes Essen eine persönliche Leidenschaft von mir ist, kann ich kaum verheimlichen. Ich treibe großen Aufwand, um mir persönlich ein Bild davon zu machen, woran die besten Restaurants der Welt gerade arbeiten, was sie fasziniert, wohin sie streben. Ich setze mich jedes Jahr ins Flugzeug, um irgendwo auf der Welt auszuprobieren, was sich kreative Köpfe und hungrige Entrepreneurs gerade ausgedacht haben. Die nordische Küche hat mich genauso fasziniert wie die südamerikanische, und die französische Klassik verliere ich auch nie ganz aus dem Blickfeld.

So entstand übrigens auch unser Fine Dining Restaurant. Ich dachte mir: Wenn es in Kopenhagen oder tief in Schweden möglich ist, ganz besondere Küchenkonzepte zu Welterfolgen zu machen – warum soll uns das nicht auch gelingen? Unsere Voraussetzungen sind großartig. Wir haben – im Gegensatz zu vielen anderen Nationen – eine tragfähige und tief verankerte Küchentradition. Die Alpen sind ein hochinteressanter Speicher von Kultur und Nahrungsmitteln. Eigentlich müssen wir nur eins und eins zusammenzählen.

Seit 2012 habe ich dann ganz konkret darüber nachgedacht, wie man ein alpines Fine Dining Projekt bei uns umsetzen könnte. Als ich in New York den Chef's Table at Brooklyn Fare besuchte, dachte ich mir: So könnte es gehen. Ich kam mit meinem Architekten Much Untertrifaller noch einmal, um mit ihm zu diskutieren, wie das Konzept für das Schualhus adaptiert werden muss. Dann machten wir ernst und eröffneten ein sehr urbanes Restaurant mitten in den Bergen. Das klingt vielleicht paradox, ist es aber nicht. Zwar sind wir selbst sicher nicht urban – unsere Gäste aber sind es schon.

Dass inzwischen mit Max Natmessnig ein Koch von César Ramírez' Chef's Table at Brooklyn Fare bei uns kocht, ist nur das Tüpfelchen auf dem i. Gemeinsam mit seinem Team beweisen wir jetzt Tag für Tag, dass alpine Lebensmittel die Grundlage für Weltklassekulinarik sein können. Das – und nichts anderes – ist mein kulinarischer Heimatbegriff.

Aber der Chef's Table ist nur ein Mosaikstein in unserem kulinarischen Gesamtkonzept. Die Hotelküche, die Wirtshausküche, die Fondueküche – eine der ältesten Traditionen unseres Hauses – sind genauso wichtig.

Deshalb stehe ich auch täglich in der Küche und wickle das Abendservice gemeinsam mit unserem Küchenchef Florian Armbruster ab. Die Küche ist das Herz des Hauses. Hier sehe ich fast alle meine Mitarbeiterinnen und Mitarbeiter persönlich – jeden Tag. Wir arbeiten alle miteinander daran, dass die Gäste in den Stuben, im Hotel, im Garten, in der Bar glücklich werden mit dem perfekten Teller, den wir ihnen servieren. Und dass unser Essen mit der gleichen Aufmerksamkeit auf den Tisch kommt, wie es zubereitet wurde, dafür sorgt meine Frau Natascha mit ihrem genauen Blick und ihrem Gespür für Situationen.

Dieses Buch ist eine Liebeserklärung an die alpine Küche. Dieses Buch ist eine Anerkennung der Arbeit, die die Menschen, die in unseren Küchen arbeiten, jeden Tag leisten. Es ist ein Statement, damit unsere Gäste noch genauer wissen, warum wir die Rote Wand „Gourmethotel" nennen. Und es ist eine Handreichung an alle, die nach einem Aufenthalt bei uns ihr Lieblingsgericht vermissen.

Schon bisher wurden unsere Küchenchefs regelmäßig nach Rezepten gefragt. Jetzt machen wir einen Strich drunter und halten das kulinarische Wirken der Roten Wand auf 400 Seiten fest. Und unsere Gäste können ein solides Stück Rote Wand mit nach Hause nehmen – und an ihrer eigenen Kochkompetenz weiterbauen.

Eines noch: Dieses Buch ist nicht etwa eine kulinarische Bilanz. Höchstens eine Zwischenbilanz. Es soll uns allen Ansporn sein, in Zukunft noch mehr zu wollen, selbstbewusst zu sein und unsere Zukunft auf der Basis des bisher Erreichten zu gestalten.

# Das Frühstück

Ein guter Tag beginnt mit einem guten Frühstück. In der Roten Wand gibt es ein individuelles Frühstück, das auf einem großen Brett serviert wird. Die einzelnen Komponenten befinden sich in Weckgläsern, weitere Tagesspezialitäten werden auf großen Tabletts am Tisch angeboten.

    Dazu gibt es eine Tageskarte für warme Gerichte, sowohl süß als auch salzig. Diese Gerichte tragen zwar internationale Namen wie „Eggs Benedict" oder „French Toast", aber diese Namen bezeichnen unsere ganz eigenen Interpretationen der Klassiker: in der Regel kleiner portioniert, geschmacklich optimiert, und auf der Basis von Zutaten, die sämtlich in der eigenen Küche hergestellt werden.

    Eine universelle Küche wie die der Roten Wand hat den Anspruch, alles zu können: von der eleganten Brioche bis zur hausgemachten Butter.

# Eggs Benedict und English Muffins

Die Sensation an Eggs Benedict ist die Mischung aus der säuerlichen Hollandaise und dem rinnenden Eidotter. Klassischerweise wird das Ei dafür frisch pochiert. Wir verwenden sogenannte Stundeneier, die wir Sous-vide bei 63 Grad eine Stunde lang ziehen lassen. Ein Sous-Vide-Stab kostet übrigens nicht viel – und er kann auch das Leben in der Privatküche sehr erleichtern. Die English Muffins, die dazu serviert werden, sind eine dezidierte Lieblingsspeise des Chefs.

*(Ergibt 4 Portionen)*

**English Muffins**
*(Ergibt 20 Stück)*
500 ml Milch
55 g Butter
7 g Trockenhefe
1 Ei
3 EL Honig
700 g Mehl
1 Prise Salz
Weizengrieß zum Bestreuen des Backblechs
Öl oder Butterschmalz zum Braten

**English Muffins.** Die Milch mit der Butter erwärmen. Die Trockenhefe in der lauwarmen Milch auflösen und 5 Minuten stehen lassen. Nun das Ei und den Honig dazugeben und verschlagen. Das Mehl zu dieser Mischung hinzufügen und 5 Minuten in der Küchenmaschine oder mit der Hand verkneten. Zwischendurch das Salz dazugeben. Den Teig abgedeckt 1 Stunde an einem warmen Ort gehen lassen. Anschließend den Teig auf einer stabilen Unterlage abschlagen. In 20 gleich große Teile trennen (abwiegen) und zu Kugeln formen. Die Teigkugeln auf ein mit Weizengrieß bestreutes Backblech setzen und flach drücken, auf eine Stärke von etwa 1 Zentimeter. Teiglinge im Grieß wenden. Nochmals 1 Stunde gehen lassen. Den Ofen auf 150 °C Umluft (170 °C Ober-/Unterhitze) vorheizen. Etwas Öl oder Butterschmalz in eine Pfanne geben und die Teiglinge von beiden Seiten goldbraun anbraten. Anschließend im vorgeheizten Ofen in 12 bis 15 Minuten fertig backen.

**Sauce Hollandaise.** Die Butter in einem kleinen Topf zerlassen. Den Weißwein mit Lorbeerblatt, Pfeffer und Piment reduzieren, sodass ca. 2 Esslöffel Reduktion entstehen. Abkühlen lassen und durch ein Sieb gießen. Weinreduktion und Eigelbe in eine Metallschüssel geben und kräftig mit dem Schneebesen aufschlagen. Die Schüssel in ein heißes Wasserbad setzen und die Masse so lange weiterschlagen, bis eine cremige Sauce entsteht. Die Schüssel aus dem Wasserbad nehmen und die lauwarme zerlassene Butter erst tropfenweise, dann in einem dünnen Strahl einfließen lassen und unterrühren. Mit Zitronensaft, Cayennepfeffer, Salz und Pfeffer abschmecken. Nach Belieben Kräuter (zum Beispiel Kerbel oder Estragon) in die Sauce Hollandaise geben.

**Pochierte Eier.** Wasser in einem Topf aufkochen, Essig dazugeben und mit einem Löffel umrühren. Wenn ein Strudel im Topf entsteht, die Eier nacheinander in eine Schöpfkelle schlagen und sie langsam in den Wasserstrudel geben. Währenddessen gelegentlich umrühren und das Eiweiß mit einem Löffel immer wieder über den Eidotter ziehen. Sobald die Eier fertig sind (nach 2 bis 4 Minuten), mit einem Schaumlöffel aus dem Wasser heben und vorsichtig auf einen Teller gleiten lassen.
*Tipp für in der Schale pochierte Eier: Ganze Eier bei 63 Grad im Topf mit einem Sous-Vide-Stab eine Stunde garen.*

**Anrichten.** Die English Muffins halbieren und die Innenseiten in etwas Butter anbraten. Schinken und Spinat auf vier der angebratenen Muffin-Hälften geben, jeweils ein pochiertes Ei daraufsetzen und mit der Sauce Hollandaise überziehen. Zum Schluss Schnittlauch darüberstreuen.

**Sauce Hollandaise**
125 g Butter
50 ml Weißwein
1 Lorbeerblatt
2 Pfefferkörner
2 Pimentkörner
3 Eigelb
½ EL Zitronensaft
1 Prise Cayennepfeffer
Salz + Pfeffer

**Pochierte Eier**
4 Eier
1 Schuss weißer Essig

**Anrichten**
4 English Muffins
4 TL Butter
4 Scheiben Beinschinken
1 Handvoll frischer Spinat
2 EL Schnittlauch, frisch geschnitten

# Omelette mit Speck, Hochalpkäse und Eierschwammerl

Ein klassisches Eiergericht, das wir jedoch speziell an den Ort, wo wir arbeiten, angepasst haben. Den zwei Jahre lang gereiften Käse bekommen wir aus Schönebach, einer Alp hier in der Gegend. Er ist sehr kräftig, weil dieses Gericht einen kräftigen Geschmack braucht, um dem Speck etwas entgegenzusetzen. Wenn es gerade keine Eierschwammerl gibt, kann man auch Champignons verwenden.

*(Ergibt 2 Portionen)*

**Omelette mit Speck, Hochalpkäse und Eierschwammerl**
4 Eier
500 ml Milch
Pfeffer
Paprikapulver, edelsüß
1 EL Öl
75 g Speck, in Würfel geschnitten
100 g kleine Eierschwammerl
50 g Hochalpkäse, gerieben
1 TL Petersilie, frisch gehackt

**Omelette mit Speck, Hochalpkäse und Eierschwammerl.** Die Eier, Milch, Pfeffer und Paprikapulver in einer Schüssel mit der Gabel verschlagen. In einer Pfanne etwas Öl erhitzen, Speckwürfel und Eierschwammerl darin anbraten. Die Eimasse dazugeben, den geriebenen Käse darüberstreuen und mit aufgesetztem Deckel bei kleiner Hitze stocken lassen.

**Anrichten.** Omelette halbieren und auf zwei Teller verteilen. Die gehackte Petersilie darüberstreuen.

# Eggs Tomato

Wir verwenden gerne Tomaten aus der Dose, weil die Tomaten absolut reif und am Punkt geerntet sind. So reife und aromatische Tomaten gibt es bei uns nur in einer sehr kurzen Zeitspanne.

**Tomatenragout.** Olivenöl in einen Topf geben und die Zwiebelwürfel darin anschwitzen. Kirschtomaten kurz mitschwitzen. Mit den Dosentomaten auffüllen und etwas Wasser angießen. Thymianzweige und dunklen Balsamico dazugeben, 20 Minuten köcheln lassen. Mit Zucker, Salz und Pfeffer abschmecken.

**Anrichten.** Das Tomatenragout auf vier Teller verteilen, jeweils ein pochiertes Ei in die Mitte setzen und mit den frischen Kräutern bestreuen.

*(Ergibt 4 Portionen)*

**Tomatenragout**
2 EL Olivenöl
1 Zwiebel, in kleine Würfel geschnitten
10 Kirschtomaten, halbiert
1 Dose (400 g) Tomaten, in Würfel geschnitten
3 Zweige Thymian
1 EL dunkler Balsamico
Zucker
Salz + Pfeffer
2 EL frische Kräuter nach Belieben

**Pochierte Eier**
4 pochierte Eier
*(Rezept siehe S.21)*

# Rührei mit Ziegenkäse, Kürbiskernen und Kürbiskernöl

Der Trick bei diesem Rührei besteht darin, die Pfanne rechtzeitig vom Feuer zu ziehen. Das Ei zieht nämlich noch nach. Das Rührei soll beim Servieren saftig und cremig sein und darf keinesfalls zu trocken geraten.

*(Ergibt 2 Portionen)*

**Rührei mit Ziegenkäse, Kürbiskernen und Kürbiskernöl**
4 Eier
Salz + Pfeffer
1 EL Butter
80 g Ziegenkäse, in Würfel geschnitten
1 EL Kürbiskernöl
2 EL geröstete Kürbiskerne
4 Zweig Schafgarbe, grob gezupft

**Rührei mit Ziegenkäse, Kürbiskernen und Kürbiskernöl.** Die Eier in einer Schüssel schaumig schlagen, mit etwas Salz und Pfeffer würzen. Die Butter in einer beschichteten Pfanne bei mittlerer Hitze schmelzen und die Eimasse einfüllen. Bei mäßiger Hitze garen lassen, dabei vorsichtig umrühren. Die Ziegenkäsewürfel dazugeben und die Eier in der Pfanne weiter garen lassen, bis sie zu stocken beginnen, aber noch cremig sind.

**Anrichten.** Das Rührei auf zwei Teller verteilen, Kürbiskernöl und Kürbiskerne darübergeben und mit der gezupften Schafgarbe bestreuen.

# Shakshuka zum Frühstück

Es liegt nicht auf der Hand, dass ein Vorarlberger Hotel levantinische Gerichte anbietet. Im speziellen Fall erklärt sich das aus der Biografie des Syrers Maher Rajab, der als Kriegsflüchtling aus Aleppo nach Österreich kam und 2017 als Abwäscher in der Roten Wand anheuerte.

Maher, gelernter Buchbinder, erledigte seine Dienste in der Roten Wand. Privat kochte er die Speisen seiner Heimat: Hummus, Tabouleh, Couscous. Wenn er ein Rezept nicht genau kannte, rief er seine Mutter oder Schwester an, die in Aleppo geblieben sind. Als eines Tages der Frühstückskoch nicht kam und Improvisation gefragt war, kam Joschi Walch auf die Idee, Maher zu fragen: „Traust du dir das zu?"

Maher übernahm den Frühstücksdienst. Er ist seither der Erste in der Küche, bereitet sämtliche Dinge vor und setzt sie mit drei, vier Kollegen während des Frühstücksservice um. Als der Chef ihn fragte, was denn eigentlich sein bevorzugtes Frühstück sei, antwortete er wahrheitsgemäß: „Shakshuka". Der Chef wollte sofort probieren – und war begeistert. So fanden die folgenden Gerichte auf die Frühstückskarte der Roten Wand.

**Hummus.** Die Kichererbsen abgießen und mit neuem Wasser aufsetzen. Mindestens 5 Stunden köcheln lassen, bis sie ganz weich sind. Mit Tahin, den Eiswürfeln, Zitronensaft und Olivenöl fein pürieren. Mit Salz abschmecken. Mit Paprikapulver und Kreuzkümmel bestreuen und Olivenöl darüberträufeln.

**Tabouleh.** Den Bulgur nach Packungsanleitung zubereiten. Immer wieder mit einer Gabel umrühren, damit er locker bleibt. Etwas abkühlen lassen. Anschließend mit den Zwiebel- und den Tomatenwürfeln, Petersilie, Minze, Olivenöl und Zitronensaft vermischen und mit Salz und Pfeffer abschmecken.

**Shakshuka.** Paprika, Zwiebel, Knoblauch und Chili auf 2 Pfannen aufteilen, anschwitzen und bissfest schmoren. Das Paprikapulver und den Kreuzkümmel dazugeben und mit anschwitzen. Die Dosentomaten hinzufügen und 20 Minuten köcheln lassen. Mit Salz und Pfeffer abschmecken. Nun die Eier aufschlagen und in jede Pfanne 4 Eier auf das Tomaten-Paprika-Ragout setzen. Mit einem Deckel schließen und bei mittlerer Hitze etwa 3 Minuten ziehen lassen, bis das Eiweiß gestockt, das Eigelb jedoch noch weich ist. Vor dem Servieren den gehackten Koriander darüberstreuen.

**Hummus**
*(Ergibt 4–6 Portionen)*
500 g Kichererbsen, über Nacht in Wasser eingeweicht
300 g Tahin
10 Eiswürfel
Saft von 1 Bio-Zitrone
4 EL Olivenöl
Salz
Paprikapulver, edelsüß
Kreuzkümmel, gemahlen
Olivenöl

**Tabouleh**
*(Ergibt 4 Portionen)*
200 g Bulgur
1 Zwiebel, in kleine Würfel geschnitten
5 Tomaten, in kleine Würfel geschnitten
6 EL Petersilie, gehackt
3 EL Minzblätter, gehackt
50 ml Olivenöl
100 ml Zitronensaft
Salz + Pfeffer

**Shakshuka**
*(Ergibt 4 Portionen in 2 Pfannen)*
6 rote Spitzpaprika, in kleine Würfel geschnitten
4 Zwiebeln, in kleine Würfel geschnitten
2 Knoblauchzehen, in kleine Würfel geschnitten
2 Chilischoten
4 EL Öl
2 TL Paprikapulver, edelsüß
2 TL Kreuzkümmel
2 Dosen Tomaten, in Stücke geschnitten
Salz + Pfeffer
8 Eier
2 EL Koriander, gehackt

# Granola

Der Verkaufsschlager in unserem Shop. Viele Gäste nehmen sich die Erinnerung an ihre Zeit in der Roten Wand im Glas mit nach Hause.

*(Ergibt 1 Glas mit 450 Gramm)*

**Granola**
110 g Haferflocken
50 g Dinkelflocken
50 g Sonnenblumenkerne
50 g Pinienkerne
50 g Kokoschips
150 g Honig
75 ml Rapsöl
1 Msp. Ceylon-Zimt
1 Msp. Vanille, gemahlen
1 Prise Salz
50 g getrocknete Cranberrys

**Granola.** Den Backofen auf 160°C Ober-/Unterhitze vorheizen. Hafer- und Dinkelflocken, Sonnenblumenkerne, Pinienkerne, Kokoschips, Honig, Öl, Zimt, Vanille und Salz in einer großen Schüssel mit der Hand vermischen. Auf mit Backpapier ausgelegten Blechen verteilen. Im vorgeheizten Ofen 35 bis 45 Minuten goldbraun backen, dabei mehrmals umrühren. Über Nacht auf dem Blech austrocknen lassen, Cranberrys darüberstreuen und in ein gut verschließbares Glas abfüllen.

# Die kleine, feine Backstube

**Ein guter Teil des Brotes, das in der Roten Wand auf den Tisch kommt, stammt aus der hervorragenden Backstube Lech. Aber wir haben in der Roten Wand auch unsere eigene feine Backstube und backen verschiedene Brotsorten selbst. Brioche und Rote-Wand-Rolls gehören zur Grundausstattung unserer Frühstücksküche und sind Grundmaterial für einige unserer beliebtesten Frühstücksgerichte.**

**Brioche.** Milch in einem kleinen Topf erwärmen. Die Hefe ein paar Minuten in der lauwarmen Milch auflösen. Mehl, Zucker, Eier, Salz und die Hefe-Milch-Mischung in der Küchenmaschine mit dem Knethaken oder mit der Hand zu einem glatten Teig verarbeiten. Abdecken und an einem warmen Ort 45 Minuten gehen lassen. Den Backofen auf 160 °C Umluft (180 °C Ober-/Unterhitze) vorheizen. Die weiche Butter in die Masse einkneten. Den Teig in eine mit Butter und Zucker bestrichene Kastenform geben und darin nochmals 30 Minuten gehen lassen. In den Backofen schieben (Mittelschiene) und 30 Minuten backen.

*(Für eine Kastenform von 25 Zentimeter Länge)*

**Brioche**
30 ml Milch
25 g frische Hefe
500 g Mehl
50 g Zucker
7 Eier
5 g Salz
200 g Butter, weich

*(Ergibt 8 Stück)*

**Rote-Wand-Rolls**
140 ml Milch
5 g Trockenhefe
42 g Butter
18 g Zucker
1 Ei
140 g Mehl, glatt
140 g Brotmehl
1 TL Salz

**Rote-Wand-Rolls.** 90 Gramm von der Milch erwärmen. Die Hefe ein paar Minuten in der lauwarmen Milch auflösen. Die restliche Milch mit Butter und Zucker erwärmen, in eine Schüssel umfüllen. Das Ei in die lauwarme Milch geben und alles miteinander verschlagen. Dann zunächst das Mehl mit dem Salz vermengen. Anschließend alle Zutaten miteinander vermischen und mit dem Knethaken in der Küchenmaschine oder von Hand 10 Minuten kneten, bis sich der Teig vom Schüsselrand löst. Abdecken und 1 Stunde an einem warmen Ort gehen lassen. Anschließend den Teig noch einmal durchkneten und Portionen von je 80 Gramm abwiegen. Zu Kugeln formen und in gebutterte Formen setzen. Zunächst 30 Minuten bei 50 °C im Backofen gehen lassen, dann 14 Minuten bei 180 °C Umluft (200 °C Ober-/Unterhitze) backen.

# French Toasts

Ein Klassiker, den wir nach einigen Diskussionen auf unsere eigene Weise herstellen. Für den Geschmack am Wichtigsten ist, dass die vorbereitete Brioche – wir verwenden natürlich unsere hausgemachte – in Butterschmalz herausgebacken wird.

**French Toasts.** Milch, Obers, Eier, Zimt, Zucker und Vanille miteinander verschlagen. Das Butterschmalz in eine Pfanne geben und schmelzen lassen. Die Briochescheiben nacheinander komplett in die Milch-Ei-Mischung tunken, etwas abtropfen lassen und im Butterschmalz von beiden Seiten goldbraun braten.

**Anrichten.** Die French Toasts auf vier Teller verteilen und nach Belieben mit frischen Beeren servieren.

*(Ergibt 4 Portionen)*

**French Toasts**
4 Scheiben Brioche,
ca. 1,5 cm dick geschnitten
*(Rezept siehe S.35)*
40 ml Milch
40 ml Schlagobers
2 Eier
1 TL Ceylon-Zimt
1 EL Zucker
1 Msp. Bio-Vanillepulver
1 EL Butterschmalz zum Braten

# Buttermilchwaffeln

Das Besondere an unseren Buttermilchwaffeln ist, dass wir die Buttermilch dafür selbst machen. Ansonsten braucht es für dieses einfache Rezept nicht mehr als ein gutes Waffeleisen.

**Buttermilchwaffeln.** Die Butter erwärmen und schmelzen lassen, mit den restlichen Zutaten in einer Schüssel mit einem Handrührgerät zu einem glatten Teig verarbeiten. Das Waffeleisen aufheizen. 1 Teelöffel Butter mit dem Pinsel darauf verteilen, jeweils ein Drittel der Teigmasse hineingeben und die Waffeln nacheinander ausbacken.

**Anrichten.** Die Waffeln auf drei Teller verteilen, nach Belieben mit Schlagobers und frischen Beeren servieren.

*(Ergibt 3 Waffeln im runden Waffeleisen)*

**Buttermilchwaffeln**
125 g Butter
220 g Mehl
70 g geriebene Mandeln
130 g Zucker
1 Pck. Backpulver
480 ml Buttermilch
3 Eier
Salz
3 × 1 TL Butter zum Ausbacken

# Pancakes

Dieses Gericht ist wahrscheinlich das beliebteste bei unseren kleinen Gästen. Wir bieten Pancakes immer abwechselnd mit den klassischen Palatschinken an.

*(Ergibt ca. 20 Stück)*

**Pancakes**
4 Eier
300 ml Milch
2 EL Zucker
300 g Mehl
4 EL Öl zum Braten

**Pancakes.** Die Eier trennen. Das Eiweiß steif schlagen. Die Eigelbe mit Milch und Zucker schaumig schlagen. Das Mehl in die Milch-Ei-Mischung sieben und unterrühren. Den Eischnee darunterheben. Den Teig mit einem Esslöffel in die Pfanne geben, sodass etwa 8 Zentimeter große Pancakes entstehen. Von beiden Seiten goldbraun ausbacken.

**Anrichten.** Die Pancakes auf Teller verteilen, mit Puderzucker bestäuben und nach Belieben mit frischen Beeren servieren.

# Palatschinken mit Haselnussaufstrich

Das Geheimnis unserer Palatschinken besteht darin, dass sie besonders dünn sind. Der Trick dabei ist, die Pfanne zu schwenken und auf diese Weise den Pfannenboden mit so wenig Teig wie möglich auszukleiden. Entsprechend dünn werden die Palatschinken.

**Palatschinken.** Eier, Milch, Zucker, Salz und Öl mit dem Schneebesen verquirlen. Danach das gesiebte Mehl daruntermischen und alles glatt rühren. Anschließend den Teig ca. 10 Minuten rasten lassen. In einer beschichteten Pfanne einen Schuss Öl erhitzen. Dann mit der Schöpfkelle etwas Teig in die heiße Pfanne geben. Die Pfanne dabei schwenken, so-dass sich der Teig überall schön dünn verteilt. Mit einem Pfannenwender die Farbe der Unterseite kontrollieren und die Palatschinke entsprechend wenden. Beide Seiten goldgelb ausbacken.

**Haselnussaufstrich.** Die Haselnüsse 10 Minuten bei 170°C (190°C Ober-/Unterhitze) im Ofen rösten. Die Milch mit dem Zucker mischen und erwärmen. Die warmen Haselnüsse mit der warmen Milch in einem Standmixer pürieren, bis eine glatte Masse entstanden ist. Die Kuvertüre im Wasserbad schmelzen und zur Haselnussmasse geben. Die Butter zerlassen und ebenfalls hinzufügen. Alles gründlich zu einer homogenen Masse verrühren.

**Anrichten.** Die Palatschinken mit der Haselnusscreme bestreichen und zusammenrollen oder -falten. Auf vier Teller verteilen und mit Puderzucker bestäuben.

*(Ergibt 4 Portionen)*

**Palatschinken**
3 Eier
250 ml Milch
1 TL Zucker
1 Prise Salz
1 EL Öl
100 g Mehl
2 TL Öl zum Ausbacken

**Haselnussaufstrich**
60 g Haselnüsse, geschält
90 ml Milch
60 g Zucker
100 g Vollmilch-Kuvertüre
70 g Butter

# Gebeizter Fisch mit Dill-Honig-Senf-Sauce

Wir filetieren die Fische aus dem Zuger Fischteich und zupfen die Gräten aus dem Fleisch, bevor wir sie in die Beize legen. Die Haut bleibt vorerst am Fisch, weil dadurch die Garung verlangsamt wird. Die Beize entzieht dem Fisch Wasser: Am Ende der Beiz-Zeit liegen die Filets fingerhoch in ihrer eigenen Flüssigkeit. Der fertig gebeizte Fisch kann sehr vielseitig verwendet werden.

**Fischbeize.** Die Gewürze im Mixer oder in einem Mörser fein zerkleinern. Mit Salz und Zucker vermischen. Die Fischfilets von beiden Seiten in die Beize drücken und in der Beize einlegen. Kühl stellen. Nach dem Beizen die Beize abwischen und die Fischstücke in die gewünschte Form schneiden. Je nach Größe und Gewicht variiert die Einlegezeit: Ein Fischfilet mit 800 Gramm Gewicht sollte ca. 24 Stunden in der Beize liegen, eines von 500 Gramm ca. 16 Stunden, bei kleineren Filets verkürzt sich der Vorgang entsprechend.

**Dill-Honig-Senf-Sauce.** Eine Sauce, die den gebeizten Fisch auf geradezu überirdische Weise begleitet. Ein perfekter Geschmack zu einem perfekten Fisch. Honig, Senf, Zitronensaft und Dill verrühren. Mit etwas Salz und Pfeffer abschmecken.

*(Für 2 kg Fischfilet, z. B. Lachsforelle oder Saibling, mit Haut)*

**Fischbeize**
1 TL weißer Pfeffer
1 TL Senfkörner
1 Gewürznelke
1 TL Pimentkörner
2 EL getrockneter Thymian
1 TL Fenchelsamen
1 Lorbeerblatt
1 TL Wacholderbeeren
5 Sternanis
1 TL Koriandersamen
100 g Meersalz
100 g brauner Zucker

**Dill-Honig-Senf-Sauce**
2 EL Honig
4 EL Dijon-Senf
Saft von ½ Bio-Zitrone
2 EL Dill, frisch, gehackt
1 Prise Salz
Pfeffer

# 6 frisch gepresste Säfte

Frisch gepresste Säfte sind mit ihren knalligen Farben eine Freude für das Auge und machen gute Laune.

**Früchte und Gemüse, jeweils im Verhältnis 3 Teile – 2 Teile – 1 Teil**

**Frisch gepresste Säfte.** Gemüse und Früchte waschen, putzen, falls nötig in grobe Stücke schneiden und in den Entsafter geben.

Je nach Jahreszeit und saisonaler Verfügbarkeit verändern wir die Kombinationen unserer frisch gepressten Säfte: Die folgenden sechs Kombinationen sind unsere liebsten:

Rote Bete – Apfel – Karotte
Pfirsich – Orange – Himbeere
Birne – Apfel – Spinat
Apfel – Gurke – Spinat
Karotte – Stangensellerie – Ingwer
Grüner Apfel – Birne – Basilikum

# Röstbrot mit Tomate und Guter-Heinrich-Pesto

Guter Heinrich ist ein spinatartiges Gewächs, das überall rund um die Rote Wand wild wächst. Natascha Walch, die Chefin der Roten Wand, geht gerne spazieren und sammelt dabei alle möglichen Pflanzen und Blumen, manche für den Tischschmuck, andere für die Küche. Den Guten Heinrich hat sie einmal von einem ihrer Beutezüge mitgebracht, und seitdem machen wir daraus ein Pesto, das seinen feinen, bitteren Geschmack perfekt konserviert.

**Röstbrot mit Tomate.** Die Schwarzbrotscheiben in einer Pfanne mit 2 Esslöffeln Olivenöl von beiden Seiten anbraten und mit der Knoblauchzehe einreiben. Tomaten- und Zwiebelwürfel vermischen, mit Salz, Pfeffer, etwas Zucker, einem Esslöffel Olivenöl und dem Balsamico würzen und auf den Brotscheiben verteilen. Das Pesto daraufgeben und einige frische Basilikumblättchen darüberstreuen.

**Guter-Heinrich-Pesto.** Zunächst die Pinienkerne in einer beschichteten Pfanne ohne Fett bei mittlerer Hitze anrösten, bis sie leicht gebräunt sind. Dabei darauf achten, dass die Pfanne nicht zu heiß wird, denn die kleinen Kerne verbrennen sehr schnell. Den guten Heinrich in einem Topf mit kochendem Wasser kurz blanchieren und danach direkt ins Eiswasser geben. Abtropfen und ausdrücken. Grob schneiden und mit Salz, Knoblauch und den angerösteten Pinienkernen in einen hohen, schlanken Mixbecher geben und mit Olivenöl aufgießen. Mit einem Zauberstab alles zu einem dickflüssigen Pesto pürieren.

*(Ergibt 4 Portionen)*

**Röstbrot mit Tomate**
4 Scheiben Schwarzbrot
3 EL Olivenöl
1 Knoblauchzehe, halbiert
6 Tomaten, in kleine Würfel geschnitten
1 Zwiebel, in feine Würfel geschnitten
1 EL dunkler Balsamico
Salz + Pfeffer
Zucker
Basilikumblätter, zerzupft

**Guter-Heinrich-Pesto**
40 g Pinienkerne
50 g guter Heinrich, ohne Stiel
50 g Parmesan, frisch gerieben
½ TL grobes Meersalz
2 Knoblauchzehen
120 ml natives Olivenöl

# Die Wirtshaus- küche

Das Wirtshaus ist ein Ort mit erhöhter Schwerkraft. Wer ins Wirtshaus geht, möchte dort gewisse Speisen essen, sogenannte Wirtshausgerichte. Dabei handelt es sich um Klassiker der alpinen Küche. Durchaus etwas fleischlastig, mit einem gewissen Hang zur Deftigkeit, die Freuden der goldgelben Panier nicht zu vergessen.

In den Stuben der Roten Wand gibt es täglich diese Wirtshausgerichte. Wir haben für dieses Buch zehn Klassiker ausgewählt, die einen guten Einblick in die Küchenphilosophie des Hauses bieten: Tradition ja, aber mit höchster Sorgfalt – und dort, wo ein Gericht noch etwas Pfiff braucht, bekommt es ihn.

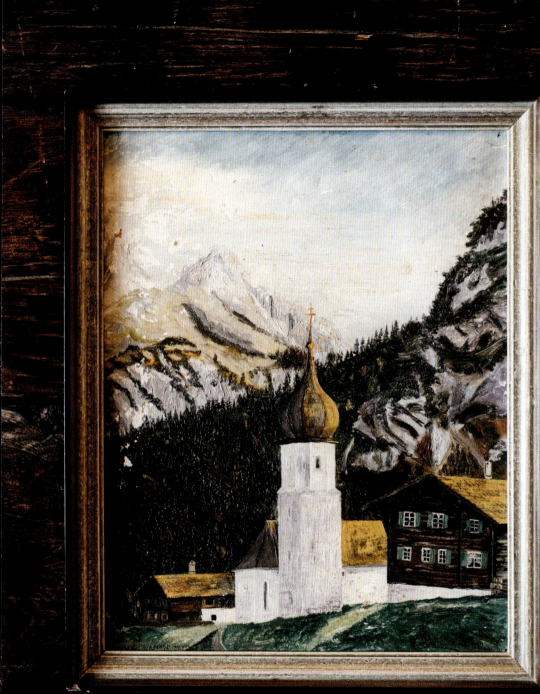

# Beuscherl

Die Bestandteile für unser Beuscherl kommen von Tieren, die in unmittelbarer Nachbarschaft gelebt haben. Die Basis für ein gutes Beuschel ist die Einbrenn, die wir nach unserer Façon verfeinert haben — mit Kapern und Sardellen.

*(Ergibt 8 Portionen)*

**Kalbsinnereien und -zunge**
700 g Kalbsherz
800 g Kalbslunge
300 g Kalbszunge
1 Päckchen Suppengemüse, grob geschnitten
4 Lorbeerblätter
8 Wacholderbeeren
4 Pfefferkörner

**Einlage**
100 g Knollensellerie, in Streifen geschnitten
180 g Karotten, in Streifen geschnitten
70 g Lauch, in Streifen geschnitten
160 g Essiggurken, in Streifen geschnitten

**Kalbsinnereien und -zunge.** Herz und Lunge in kaltes Wasser legen und über Nacht im Kühlschrank wässern. Dann Herz, Lunge, Zunge und Wurzelgemüse in einen Topf geben und mit Wasser bedecken, Lorbeerblätter, Pfefferkörner und Wacholderbeeren hinzufügen, leicht salzen. Kochen, bis die Innereien und die Zunge weich sind – die Zunge hat die kürzeste Kochzeit. Zunge herausnehmen und noch warm die Haut abziehen. Herz und Lunge herausnehmen und abkühlen lassen. Den Kochsud durch ein Sieb abgießen und beiseitestellen.

**Einlage.** Die Karotten-, Sellerie- und Lauchstreifen für die Einlage kurz in kochendem Wasser blanchieren und anschließend in Eiswasser abschrecken, damit die Farbe erhalten bleibt. Das abgekühlte Fleisch in feine Streifen schneiden.

**Einbrenn.** In einem Topf Butter mit Mehl hellbraun anschwitzen, die Zwiebeln mit Paprikapulver kurz mitbraten und mit einem Liter des Kochsuds aufgießen. Knoblauch, Kapern, Sardellen und Senf hinzufügen. Wenn die Zwiebeln weich sind, das Essiggurkenwasser angießen und die Masse mit dem Stabmixer pürieren. Den Sauerrahm unterrühren.

Nun die Fleisch-, Gemüse- und Essiggurkenstreifen dazugeben. Mit Zitronensaft, Salz und Pfeffer abschmecken, gegebenenfalls die Säure mit etwas frischem Weißwein nachjustieren.

**Anrichten.** Das Beuscherl mit Semmelknödeln *(siehe Grundrezepte, S. 390)* in tiefen Tellern oder Pfännchen anrichten und mit Schnittlauch bestreut servieren.

**Einbrenn**
4 EL Butter
40 g Mehl
2 Zwiebeln, in Würfel geschnitten
7 g Paprikapulver, edelsüß
280 ml Weißwein
2 Knoblauchzehen
20 g Kapern
10 g Sardellen
30 g Senf
120 ml Essiggurkenwasser
120 g Sauerrahm
Saft von 1 Zitrone
Salz + Pfeffer

# Geröstete Knödel mit Ei

Ein klassisches Restlessen. Wichtig ist, dass die Knödel ganz kalt sind, wenn man sie anbrät — nur so bekommen sie eine schöne Kruste. Das Ei erst ganz zum Schluss dazugeben, damit es nicht trocken wird.

**Geröstete Knödel mit Ei.** Die abgekühlten Knödel achteln. Die Knödel in einer heißen Pfanne im Butterschmalz von allen Seiten goldgelb braten, die Zwiebelstreifen hinzufügen und mit anschwitzen. Die Eier verquirlen, in die Pfanne geben und unter mehrmaligem Rühren anbraten.

**Anrichten.** Die gerösteten Knödel auf Teller verteilen und mit gehackter Petersilie bestreut servieren.

*(Ergibt 4 Portionen)*

**Geröstete Knödel mit Ei**
1 Menge Semmelknödel, gekocht *(siehe Grundrezepte, S. 390)*
2 Zwiebeln, in Streifen geschnitten
2 EL Butterschmalz
4 Eier

# Brathendl mit Apfel und Risibisi

Ein Lieblingsgericht vom Chef. Schon seine Großmutter kochte am Sonntag immer ein Brathendl und füllte es mit Äpfeln. So machen wir das auch. Als Beilage dazu gibt es Risibisi. Auch das genauso wie bei der Oma.

*(Ergibt 4 Portionen)*

**Brathendl mit Apfel**
1 großes Huhn (ca. 1,5 kg)
20 g Majoran, getrocknet
30 g Paprikapulver, edelsüß
Salz + Pfeffer

1 Zwiebel, in grobe Würfel geschnitten
2 Knoblauchzehen, grob geschnitten
2 Äpfel, in grobe Würfel geschnitten
4 Zweige Rosmarin
4 Zweige Thymian
200 ml Geflügelfond
*(siehe Grundrezepte, S. 389)*

**Risibisi**
250 g Langkornreis
200 g frische Erbsen
(alternativ: Tiefkühlerbsen)
50 g Butter
Salz

**Brathendl.** Das Huhn waschen und trocknen, danach mit Majoran, Paprikapulver, Salz und Pfeffer würzen. Anschließend mit Zwiebel, Knoblauch, den Äpfeln, Rosmarin und Thymian füllen. Den Ofen auf 170 °C (Ober-/Unterhitze) vorheizen. Ein Backblech mit Rapsöl einpinseln. Huhn auf das Blech setzen und in den vorgeheizten Ofen schieben. Je nach Größe des Huhns dauert der Garprozess zwischen 45 und 60 Minuten. Während des Bratens immer wieder mit Geflügelfond übergießen. Zum Schluss das Huhn nur mit Oberhitze bei 180 °C 8 bis 10 Minuten braten, damit die Haut schön knusprig wird.

**Risibisi.** Den Reis etwa 15 bis 20 Minuten (je nach Sorte) in gesalzenem Wasser kochen. Die Erbsen kochen und abschrecken. Falls tiefgekühlte Erbsen verwendet werden, reicht es, sie nur zu erhitzen. Dann die Erbsen mit dem gekochten Reis vermischen. Die Butter einrühren und das Risibisi mit Salz abschmecken.

**Anrichten.** Das Huhn zerlegen und auf Teller verteilen. Risibisi und nach Belieben angebratene Apfelscheiben dazugeben, mit Bratensaft übergießen.

# Kalbsleber mit Kartoffelpüree, Zwiebelsauce und Röstzwiebeln

Wir wenden die Leber vor dem Braten in Mehl, damit sie eine leichte Kruste bekommt. Wichtig: die Leber erst nach dem Braten salzen, sonst wird sie hart.

*(Ergibt 4 Portionen)*

**Kalbsleber**
600 g Kalbsleber
2 Äpfel
2 EL Butter
6 EL Mehl
Salz + Pfeffer

**Kartoffelpüree**
1 kg Kartoffeln, mehlig
200 ml Milch
3 EL Butter
Salz
Muskat

**Zwiebelsauce**
4 Zwiebeln, in feine Streifen geschnitten
2 EL Öl
200 ml Rinderjus
*(siehe Grundrezepte, S. 387)*
200 ml Rindsbrühe
*(siehe Grundrezepte, S. 387)*
½ TL Majoran, getrocknet
Salz + Pfeffer
Maisstärke

**Röstzwiebeln**
4 Zwiebeln, in feine Ringe geschnitten
Öl zum Frittieren
Salz

**Kalbsleber.** Die Kalbsleber waschen und trocken tupfen, putzen und in dünne Scheiben schneiden. Die Äpfel entkernen und in Ringe schneiden. Die Butter in einer Pfanne erhitzen und die Apfelscheiben von beiden Seiten goldgelb anbraten. Die Leber im Mehl wenden und in derselben Pfanne bei mittlerer Hitze von jeder Seite 2 Minuten anbraten. Mit Salz und Pfeffer würzen und mit der Zwiebelsauce aufgießen. Kurz darin ziehen lassen.

**Kartoffelpüree.** Die Kartoffeln ungeschält in Salzwasser etwa 20 Minuten kochen, bis sie weich sind. Etwas abkühlen lassen, schälen und durch die Kartoffelpresse drücken. Die Milch in einem Topf aufkochen, Butter und durchgepresste Kartoffeln hineingeben und alles mit dem Schneebesen verrühren. Mit Salz und Muskat abschmecken.

**Zwiebelsauce.** Die Zwiebelstreifen in einer Pfanne in Öl anschwitzen, mit Jus und Rindsbrühe aufgießen. Mit Salz, Pfeffer und Majoran abschmecken. Mit Maisstärke abbinden.

**Röstzwiebeln.** Die Zwiebelringe leicht salzen und ausdrücken. In 140 °C heißem Öl frittieren. Auf Küchenpapier abtropfen lassen und salzen.

**Anrichten.** Die Leber und das Kartoffelpüree auf Tellern anrichten, die Apfelringe auf der Leber verteilen. Mit der Zwiebelsauce übergießen. Das Kartoffelpüree mit den Röstzwiebeln garnieren.

# Hirschragout mit Topfenspätzle und Preiselbeeren

Wild ist ein wichtiger Bestandteil der Rote-Wand-Küche.
Der Chef und einige Köche sind Jäger, also bekommen wir immer regelmäßig frisches Wild. Damit die Garung perfekt gelingt, legen wir das Fleisch vor der Verarbeitung in eine Beize ein.

**Hirschragout.** Die Hirschschulterwürfel im mit Piment, Lorbeer, Wacholder und den Pfefferkörnern gewürzten Rotwein über Nacht im Kühlschrank marinieren. Das Fleisch abseihen. Die Rotweinmarinade einmal aufkochen und durch ein Passiertuch gießen. Die Fleischwürfel von allen Seiten in Öl anbraten und beiseitestellen. Nun das grob geschnittene Suppengemüse und die Zwiebeln im selben Topf goldbraun anbraten. Das Tomatenmark hinzugeben und mit anschwitzen. Mit der passierten Rotweinmarinade aufgießen und alles einkochen lassen. Rindsbrühe dazugeben. Nun das Fleisch in die Sauce legen und 1 bis 1½ Stunden bei mittlerer Hitze weich schmoren. Wenn das Fleisch zart ist, herausnehmen und warm halten. Die Sauce durch ein Sieb passieren, die Preiselbeeren einrühren und mit Salz und Pfeffer abschmecken. Mit Maisstärke abbinden. Das Fleisch wieder in die Sauce geben.

*(Ergibt 4–6 Portionen)*

**Hirschragout**
1,3 kg Hirschschulter, in ca. 3 × 3 Zentimeter große Würfel geschnitten
400 ml Rotwein, trocken
1 g Pimentkörner
1 Lorbeerblatt
1 g Wacholderbeeren
2 g schwarzer Pfeffer, ganze Körner
1 Bund Suppengrün, grob geschnitten
2 Zwiebeln, grob geschnitten
60 g Tomatenmark
110 g kalt gerührte Preiselbeeren
*(siehe Grundrezepte, S. 390)*
1,5 l Rindsbrühe
*(siehe Grundrezepte, S. 387)*
Maisstärke
Salz + Pfeffer

**Topfenspätzle**
4 Eier
150 g Topfen
100 ml Milch
1 Prise Salz
Pfeffer
350 g Mehl

**Kalt gerührte Preiselbeeren**
8 EL kalt gerührte Preiselbeeren
*(siehe Grundrezepte, S. 390)*

**Topfenspätzle.** Eier, Topfen und Milch miteinander verschlagen. Mit Salz und Pfeffer würzen. Zum Schluss das Mehl mit einem Kochlöffel langsam einrühren. Die Masse 2 bis 3 Minuten gut schlagen, bis ein geschmeidiger Teig entstanden ist. Wasser in einem Topf zum Kochen bringen. Dann den Teig durch ein Spätzlesieb pressen und ca. 3 Minuten siedend kochen lassen. Spätzle mit einem Schaumlöffel abschöpfen und in eine Pfanne mit Butter geben. Gut durchrühren, damit die Spätzle nicht zusammenkleben.

**Anrichten.** Das Hirschragout mit den Topfenspätzle anrichten und mit den kalt gerührten Preiselbeeren servieren.

Küchenchef Florian Armbruster
und Kochlehrling Mirzeta Dizdarevic

# Knuspriger Schweinebauch mit Krautsalat und Semmelknödeln

Der Schweinsbraten gehört zur österreichischen Kultur wie Mozart oder die Lipizzaner. Wir nehmen dafür das Stück vom Schwein, das am besten geeignet ist: den Bauch. Er wird knusprig, samtig und zart zugleich.

*(Ergibt 4 Portionen)*

**Schweinebauch.** Den Schweinebauch mit einem scharfen Messer auf der Hautseite rautenförmig einschneiden und mit Knoblauch, Senf, Kümmel, Salz und Pfeffer einreiben. Zwiebeln, Karotte, Sellerie und Ingwer in einer Pfanne mit Öl leicht anbraten. Wenn das Gemüse eine leichte Farbe bekommen hat, mit dem Bier aufgießen. Das Gemüse in eine Bratreine geben und den Schweinebauch mit der Hautseite nach unten darauflegen. Den Braten in den Backofen stellen und bei 140 °C (Ober-/Unterhitze) 45 Minuten garen. Anschließend das Fleisch umdrehen und eine weitere Stunde garen. Wenn der Schweinebauch fertig ist, denn Saft durch ein Sieb abgießen, die Sauce mit Salz und Kümmel abschmecken. Kurz vor dem Servieren die Kruste des Schweinebauchs bei 200 °C Oberhitze knusprig braten.

**Krautsalat.** Den Krautkopf vierteln und den Strunk entfernen. Mit der Schneidemaschine oder per Hand in sehr feine Streifen schneiden. Das Kraut salzen und mit den Händen durchkneten, bis es nicht mehr knackig ist, das ausgetretene Wasser abgießen. Das Kraut mit Essig und Öl marinieren und mit Kümmel, Zucker und Salz abschmecken.

**Anrichten.** Schweinebraten in Scheiben schneiden, auf Teller verteilen und mit Semmelknödeln und Krautsalat anrichten. Mit Bratensauce übergießen und frisch geschnittenen Schnittlauch darüberstreuen.

**Schweinebauch**
1 kg Schweinebauch, mit Schwarte
10 Knoblauchzehen, gerieben
50 g Senf
10 g Kümmel, gemahlen
Salz + Pfeffer
5 Zwiebeln, klein geschnitten
1 Karotte, klein geschnitten
½ Knollensellerie, klein geschnitten
1 kleine Ingwerknolle, klein geschnitten
1 EL Öl
¼ l Bier

**Krautsalat**
1 Weißkrautkopf
100 ml Essig
50 ml Öl
40 g Kümmel, ganz
40 g Zucker
Salz

**Semmelknödel**
1 Menge Semmelknödel, gekocht *(siehe Grundrezepte, S. 390)*

# Backfleisch mit Röstkartoffeln und Krenmayonnaise

Niemand von uns kannte dieses Gericht, bis es einmal ein Mitarbeiter für das Personal zubereitete. Alle waren sofort begeistert. Das zarte durchgegarte Rindfleisch, wie wir es etwa vom Tafelspitz kennen, bekommt vom Kren eine angenehme Würze. Die Panier besorgt den Rest. Seit damals steht das Backfleisch bei uns immer auf der Karte.

**Backfleisch.** Das Rindsschulterscherzel putzen, in einen Topf legen und mit Wasser bedecken. Einmal aufkochen, den Schaum abschöpfen und danach das Wurzelgemüse mitkochen. Die Schulter etwa 3 Stunden bei mittlerer Hitze garen. Wenn das Fleisch weich ist, aus dem Sud nehmen und kalt stellen. Danach in ca. 0,5 Zentimeter dicke Scheiben schneiden. Diese mit Senf und Kren bestreichen und mit Salz würzen. Dann zuerst im Mehl, dann im verschlagenen Ei und zuletzt in den Bröseln wenden. Im heißen Butterschmalz langsam goldbraun backen.

**Röstkartoffeln.** Die Kartoffeln so kochen, dass sie noch nicht ganz gar sind. Anschließend abschrecken und in Scheiben schneiden. In einer Pfanne mit Butterschmalz anbraten. Dann die Zwiebel dazugeben und mitrösten. Mit gehackter Petersilie, Kümmel, Salz und Pfeffer würzen.

**Krenmayonnaise.** Die Mayonnaise mit frisch geriebenem Kren, Salz und Pfeffer abschmecken.

**Anrichten.** Die Backfleischscheiben auf Teller verteilen, die Röstkartoffeln daneben aufschichten. Etwas frisch geriebenen Kren über das Backfleisch streuen, die Röstkartoffeln mit frisch geschnittenem Schnittlauch bestreuen. Mit der Krenmayonnaise servieren.

*(Ergibt 4 Portionen)*

**Backfleisch**
500 g Rindsschulterscherzel
400 g Wurzelgemüse, grob gehackt
2 EL Senf, mittelscharf
80 g Kren, frisch gerieben
Salz
1 Ei
50 g Mehl
100 g Semmelbrösel
250 g Butterschmalz

**Röstkartoffeln**
400 g speckige Kartoffeln
500 g Butterschmalz
1 Zwiebel, in kleine Würfel geschnitten
½ Bund Petersilie, frisch gehackt
15 g Kümmel, gemahlen
Salz + Pfeffer

**Krenmayonnaise**
2 Mengen Mayonnaise
*(siehe Grundrezepte, S. 389)*
1 EL Kren, frisch gerieben
Salz + Pfeffer

# Fischstäbchen mit Kartoffelsalat und Sauce Tartare

Ein Gericht, das wir ursprünglich für die Kinder im Haus entwickelt haben. Wir nehmen dafür natürlich keine Tiefkühlware, sondern den fangfrischen Saibling aus dem Zuger Fischteich und backen ihn vorsichtig heraus. Die Kinder sind begeistert. Aber die Eltern essen unsere Fischstäbchen mindestens genauso gerne.

*(Ergibt 4 Portionen)*

**Fischstäbchen**
1–2 Saiblingsfilets (ca. 800 g)
100 g Mehl
4 Eier, verquirlt
4 EL Semmelbrösel
50 g Butter
100 ml Öl
Salz + Pfeffer
1 Zitrone

**Kartoffelsalat**
400 g Kartoffeln, speckig
100 g Zwiebeln, fein gehackt
5 EL Öl
120 ml Rindsbrühe
*(siehe Grundrezepte, S. 387)*
1 EL Dijon-Senf
5 EL weißer Essig
1 TL Zucker
Salz + Pfeffer

**Fischstäbchen.** Für die Fischstäbchen die Fischfilets waschen, trocken tupfen und die Gräten sorgfältig entfernen. Die Filets mit Salz und Pfeffer würzen und in dicke Streifen schneiden. Die Fischstücke zuerst im Mehl wälzen, dann durch das verquirlte Ei ziehen und anschließend in den Semmelbröseln wenden. Butter und Öl in einer Pfanne erhitzen und die Fischstäbchen darin von beiden Seiten goldbraun braten. Auf Küchenpapier abtropfen lassen. Die Zitrone in Achtel schneiden.

**Kartoffelsalat.** Die Kartoffeln mit der Schale in Salzwasser ca. 40 Minuten bissfest kochen, abgießen, mit kaltem Wasser abschrecken, noch warm schälen und in Scheiben schneiden. Die Zwiebeln im Öl glasig anschwitzen. Mit Rindsbrühe aufgießen und aufkochen. Mit Senf, Essig, Zucker, Salz und Pfeffer abschmecken und zu den noch warmen Kartoffeln geben. Alles gut verrühren. Etwa 30 Minuten ziehen lassen und währenddessen immer wieder umrühren.

**Sauce Tartare**
200 g Mayonnaise
*(siehe Grundrezepte, S. 389)*
1 Zwiebel, fein gehackt
2 Essiggurken, fein gehackt
1 TL Sardellenpaste
2 EL Sauerrahm
2 EL Naturjoghurt
2 EL Petersilie, gehackt
Saft von ½ Zitrone
2 Tropfen Tabasco
Etwas Knoblauch, fein gerieben (nach Belieben)
Salz + Pfeffer

**Sauce Tartare.** Zwiebel, Essiggurken, Sardellenpaste, Sauerrahm, Joghurt und Petersilie in die Mayonnaise einrühren und mit Zitronensaft, Tabasco, Knoblauch, Salz und Pfeffer abschmecken.

**Anrichten.** Den Kartoffelsalat auf Teller verteilen, Fischstäbchen darauflegen und etwas frisch geschnittenen Schnittlauch darüberstreuen.
Mit der Sauce Tartare servieren.

# Gröstl mit Spiegelei und Salat

Natürlich ist dieses Gröstl ein Restlessen. Wenn Sie in Ihrem Kühlschrank also noch andere Reste von früheren Mahlzeiten haben, dann nichts wie hinein in dieses Gröstl. Unser Rezept ist in diesem Fall nur ein Vorschlag, Sie dürfen nach Lust und Laune improvisieren.

**Gröstl.** Schweinebauch, Kartoffeln und Semmelknödel in einer großen Pfanne mit reichlich Öl scharf anbraten. Die Zwiebelringe dazugeben und alles ca. 5 Minuten weiterrösten. Das Gröstl zum Schluss mit Kümmel, Majoran, Salz und Pfeffer abschmecken. Daneben die Eier in eine andere Pfanne geben und braten.

**Salat.** Den Salat waschen und in kleine Stücke zupfen.

**Marinade.** Die Zutaten zu einer Marinade verquirlen und den Salat nach Geschmack damit anmachen. Die restliche Marinade in ein Glas füllen und im Kühlschrank aufbewahren.

**Anrichten.** Das Gröstl auf vier Teller verteilen, die Spiegeleier daraufsetzen und mit dem Salat servieren.

*(Ergibt 4 Portionen)*

**Gröstl mit Spiegelei**
4 Scheiben fertiger Schweinebauch *(Rezept siehe S. 75)*, in kleine Stücke geschnitten
250 g speckige Kartoffeln, gekocht und in kleine Stücke geschnitten
2 Semmelknödel, gekocht *(siehe Grundrezepte, S. 390)* und in kleine Stücke geschnitten
50 ml Öl
2 Zwiebeln, in feine Ringe geschnitten
Kümmel
Majoran, getrocknet
Salz + Pfeffer
4 Eier

**Salat**
1 Kopfsalat

**Klassische Salatmarinade**
*(Ergibt ca. 250 Milliliter)*
100 ml Essig
100 ml Wasser
50 ml Öl
20 g Zucker
Salz + Pfeffer

# Käsknöpfle

Ein Vorarlberger Nationalgericht – und das kulinarische Heiligtum des Chefs. Sobald ein neuer Koch in die Rote Wand kommt, wird er vom Chef persönlich in die Geheimnisse der perfekten Käsknöpfle eingeführt. Wichtigstes Bestandteil: die von Joschi Walch bevorzugte Mischung aus Vorarlberger Käse, die der KäseCasper – Bregenzerwälder Käseexperte – für die Rote Wand zusammenstellt.

**Käsknöpfle.** Die beiden Mehle, die Eier und das Salz mit einem Kochlöffel 2 bis 3 Minuten gut verrühren, bis ein schön geschmeidiger Teig entsteht. Wasser in einem Topf zum Kochen bringen. Dann den Teig durch ein Spätzlesieb pressen und die Spätzle ca. 5 Minuten siedend kochen lassen. Die fertigen Spätzle mit einem Schaumlöffel abschöpfen und in eine Pfanne mit zerlassener Butter geben. Die Käse-Mischung auf den Spätzle verteilen und mit einem Holzkochlöffel bei mittlerer Hitze umrühren, bis der Käse geschmolzen ist und Fäden zieht. Mit Salz und Pfeffer abschmecken.

**Anrichten.** Die Käsknöpfle auf Teller verteilen, mit Röstzwiebeln und frisch geschnittenem Schnittlauch bestreut servieren.

*(Ergibt 4 Portionen)*

**Käsknöpfle**
110 g Mehl, griffig
110 g Mehl, glatt
4 Eier
Salz

2 EL Butter
400 g Vorarlberger Käse, gerieben (Mischung aus 2 Teilen ca. 10 Monate gereiftem Bergkäse, 2 Teilen mindestens 1 Jahr gereiftem Hochalpenkäse und 1 Teil Rässkäs)
Pfeffer
200 g Röstzwiebeln
*(Rezept siehe S. 68)*
1 Bund Schnittlauch, fein geschnitten

# Molkerei, mitten im Haus

**Vorarlberg ist bekannt für seine Milchwirtschaft. Auf den Almen entstehen Berg- und Schnittkäse. Die Milch der verschiedenen Almwirtschaften wird von diversen Sennereibetrieben verarbeitet. Um die spezielle Qualität der Zuger Milch besser herausarbeiten zu können, richtete die Rote Wand zuletzt ihre eigene Molkerei ein. Der Hintergedanke: die Qualität der Milch auf unmittelbare Weise für die Gäste erfahrbar zu machen. Schließlich grasen die Kühe auf einmaligen Almweiden, wo spezielle Gräser, Blumen und würzige Bergkräuter wachsen.**

**Seither entstehen in dem kleinen Betrieb Butter, Joghurt, Topfen und Buttermilch. Diese Lebensmittel bilden sozusagen die Landschaft rund um die Rote Wand unmittelbar ab.**

Christopher van den Abeelen, u.a. zuständig für die Rote Wand-Molkerei

# Buttermilchschmarrn mit Zwetschkenröster

Eine Verfeinerung des klassischen Kaiserschmarrns, mit unserer hausgemachten Buttermilch zubereitet. Für das finale Karamellisieren verwenden wir sehr viel Butter und sehr viel Zucker. Da darf man auf keinen Fall sparen.

*(Ergibt 4 Portionen)*

**Buttermilchschmarrn**
200 g Sauerrahm
300 ml Buttermilch
100 g Staubzucker
260 g Mehl
8 g Backpulver
4 Eier
4 EL Zucker
4 EL Butter

**Zwetschkenröster**
500 g Zwetschken, halbiert und entkernt
100 g Zucker
100 ml Rotwein, trocken
1 Msp. Ceylon-Zimt, gemahlen
1 Msp. Vanille, gemahlen
1 Sternanis

**Buttermilchschmarrn.** Sauerrahm, Buttermilch, Staubzucker, Mehl und Backpulver mit dem Handrührgerät vermengen, bis eine glatte Masse entsteht. Die Eier trennen, das Eigelb unterrühren. Das Eiweiß aufschlagen und den Eischnee vorsichtig unter die Masse heben. Den Ofen auf 170 °C Ober-/Unterhitze vorheizen. Etwas Butter in eine große Pfanne geben und die Schmarrnmasse in die heiße Pfanne hineingeben. Bei geringer Hitze auf dem Herd ein paar Minuten backen lassen. Anschließend die Pfanne in den Ofen stellen (Mittelschiene), bis der Teig fest, aber nicht zu fest, und goldgelb geworden ist. Den Teig in der Pfanne mit 2 Löffeln „zerreißen". Butter und Zucker daraufgeben und auf dem Herd karamellisieren.

**Zwetschkenröster.** In einem Topf den Zucker hell karamellisieren, dann mit dem Rotwein ablöschen. Zimt, Vanille und Sternanis dazugeben und mit 3 bis 4 Zwetschken einkochen lassen. Danach die restlichen Zwetschken dazugeben und kurz köcheln. Auskühlen lassen. Die Gewürze herausnehmen.

**Anrichten.** Den Buttermilchschmarrn mit Staubzucker bestäuben und mit dem Zwetschkenröster servieren.

# Buchteln mit Vanillesauce

Die Füllung unserer Buchteln besteht aus Marillenmarmelade.
Wichtig ist, dass jede Buchtel ausreichend viel von der Füllung bekommt.
Wir servieren die Buchteln zur Jause und als Dessert.

*(Ergibt ca. 15 Stück)*

**Buchteln**
85 ml Milch
90 g Zucker
15 g Hefe
2 Eier
375 g Mehl
100 g Butter, weich
1 EL Vanillezucker
1 Msp. Vanille, gemahlen
1 Schuss Rum
1 Prise Salz
Ca. 240 g Marillenmarmelade

**Buchteln.** Den Backofen auf 180°C Umluft vorheizen. Die Milch mit dem Zucker erwärmen. Die Hefe in die lauwarme Milch bröseln und 5 Minuten darin auflösen lassen. Eier, Mehl, weiche Butter, Vanillezucker, Vanille, Rum und Salz mit der Hefe-Milch in die Rührschüssel geben und ca. 5 Minuten auf höchster Stufe mit dem Knethaken schlagen, bis sich der Teig komplett vom Schüsselrand löst. Anschließend 10 Minuten ruhen lassen. Den Teig etwa 1,5 Zentimeter dick ausrollen, in etwa 8 mal 8 Zentimeter große Quadrate schneiden und jedes Quadrat mit 1 Esslöffel Marillenmarmelade füllen. An den Ecken zusammenziehen und die Teigenden sorgfältig verschließen. Mit den Verschlussenden nach unten dicht nebeneinander in eine stark gebutterte Form setzen und 30 Minuten gehen lassen. Mit Butter einstreichen. In den Backofen schieben und etwa 1 Stunde backen, bis die Buchteln aufgegangen und oben goldbraun sind.

**Vanillesauce.** Die Vanilleschote längs aufschlitzen und das Mark herauskratzen. Beides mit Obers und Milch in einem Topf aufkochen. Vom Herd nehmen und zugedeckt 10 Minuten ziehen lassen. Eigelb und Zucker in einer Rührschüssel mit dem Handrührgerät schaumig aufschlagen. Die Vanilleschote aus der Obers-Milch-Mischung entfernen, noch einmal kurz aufkochen und unter langsamem Rühren nach und nach in die Eigelb-Zucker-Mischung einrühren. Alles wieder in den Topf geben und bei geringer bis mittlerer Hitze unter ständigem Rühren erwärmen, bis die Sauce andickt. Auf keinen Fall kochen lassen und vorsichtig mit der Hitze umgehen, da die Sauce sehr schnell anbrennt.

**Anrichten.** Die Buchteln auf Teller verteilen, mit Staubzucker bestäuben und mit der Vanillesauce servieren.

**Vanillesauce**
*(Ergibt 6–8 Portionen)*
1 Vanilleschote
380 ml Milch
125 ml Schlagobers
5 Eigelb
125 g Zucker

# Rote-Wand-Nocken

Großes Vorbild sind natürlich die Salzburger Nockerl. Weil wir aber ganz schön weit von Salzburg entfernt sind, machen wir unsere eigenen Nocken. Mit köstlichen kalt gerührten Preiselbeeren.

*(Ergibt 4 Portionen)*

**Rote-Wand-Nocken**
300 g Eiweiß
30 g Mehlmischung
*(siehe unten)*
150 g Vanillezucker-Mischung
*(siehe unten)*
4 TL kalt gerührte Preiselbeeren
*(siehe Grundrezepte, S. 390)*
4 × ½ TL Butter

**Vanillezucker-Mischung**
Zucker
Ausgekratzte Vanilleschoten

**Mehlmischung**
25 g Puddingpulver
25 g Maizena
50 g Mehl

**Rote-Wand-Nocken.** Den Backofen auf 240 °C Umluft (260 °C Ober-/Unterhitze) aufheizen. Das Eiweiß mit der Vanillezucker-Mischung in der Küchenmaschine oder mit dem Handrührgerät aufschlagen, bis es sehr fest ist. Die Mehlmischung darunterziehen. Jeweils einen Teelöffel kalt gerührte Preiselbeeren und ein kleines Stück Butter in vier ofenfeste Förmchen (ca. 10 Zentimeter Durchmesser) geben. Mit der Eiweiß-Zucker-Masse auffüllen. In den Backofen stellen und etwa 7 Minuten backen. Sofort servieren, da das Eiweiß nach kurzer Zeit zusammenfällt.

**Vanillezucker-Mischung.** Zucker in ein Glas füllen, ausgekratzte Vanilleschoten hinzugeben, gut schütteln und durchziehen lassen, aufbewahren.

**Anrichten.** Mit Staubzucker bestäuben und sofort servieren.

# Sig-Knödel

Die Grundlage dieses Rezepts ist der Sig, die sogenannte Wälderschokolade. Dabei handelt es sich um karamellisierte Molke, die bei der Käseverarbeitung im Bregenzerwald übrig bleibt. Der komplexe Geschmack des Sig – süß, säuerlich und salzig zugleich – macht dieses Dessert so speziell. Sig gibt es in den Käseläden des Bregenzerwalds (oder online über kaes.at).

*(Ergibt 20 Stück)*

**Sig-Knödel**
2 Eier
500 g Topfen (Zimmertemperatur)
50 g Butter, weich
50 g Staubzucker
1 Prise Salz
1 Msp. Vanille, gemahlen
Zesten von 1 Bio-Zitrone
75 g Semmelbrösel
7 g Mehl, griffig
35 g Mehl, glatt
28 g Sig (Bregenzerwälder „Schokolade")
5 EL Semmelbrösel, geröstet und mit 1 EL Zucker vermischt

**Sig-Knödel.** Eier trennen. Aus Topfen, Butter, Eigelb, Staubzucker, Salz, Vanille und Zitronenzesten in der Küchenmaschine oder mit dem Handrührgerät eine glatte Masse herstellen. Dann die Semmelbrösel und das Mehl unterziehen. Das Eiweiß in der Küchenmaschine aufschlagen und vorsichtig unter die Masse heben. Einen Tag im Kühlschrank kalt stellen. Mithilfe eines Eisportionierers gleich große Kugeln von der Masse abstechen. Die Hände mit etwas griffigem Mehl bestäuben, jede der Teigkugeln in den Händen flach drücken und eines der portionierten Sig-Kügelchen (ca. 1,5 Zentimeter Durchmesser) in die Mitte geben. Teig darüber schließen und wieder zu Kugeln formen. In einem Topf Wasser zum Kochen bringen und die Sig-Knödel einlegen. Temperatur reduzieren und die Knödel in leicht köchelndem Wasser ziehen lassen, bis sie alle an der Oberfläche schwimmen. Die fertigen Knödel mit einem Schaumlöffel aus dem Wasser heben.

**Anrichten.** Die Sig-Knödel in den gerösteten und gezuckerten Semmelbröseln wälzen, mit zerlassener Butter beträufeln und servieren.

# Scheiterhaufen

Diese köstliche Resteverwertung ist eine der absoluten Lieblingsspeisen des Chefs. Hier verarbeiten wir Zopf und Weißbrot, die beim Frühstück übrig geblieben sind. Funktioniert auch mit Brioche oder Semmeln.

**Scheiterhaufen.** Das Brot oder die Brioche in ca. 1,5 cm dicke Scheiben schneiden, auf einer Platte auslegen. Die Milch mit einem Esslöffel Zucker aufkochen und über das Brot gießen. Die Milch, die nicht aufgesaugt wird, mit Topfen, Eigelb, Sauerrahm, 2 Esslöffeln Zucker, Vanillezucker und Zitronenzesten in der Küchenmaschine oder mit einem Schneebesen verrühren. Die Äpfel entkernen, mit der Vierkantreibe hobeln und mit Semmelbröseln, Mandelblättern, Rumrosinen, Zimt und Zitronensaft vermengen. Die Hälfte des eingeweichten Brots in eine beschichtete oder gut gefettete Auflaufform schichten. Die Hälfte der Apfelmasse darauf verteilen und die Hälfte der Topfenmasse darüberlöffeln. Nun eine zweite Brotschicht daraufsetzen und festdrücken. Die restliche Apfel- und Topfenmasse darüberschichten und bei 180 °C Umluft (200 °C Ober-/Unterhitze) 45 Minuten im Ofen backen.

**Baisertopping.** Das Eiweiß mit Salz und Staubzucker zu sehr festem Eischnee schlagen und auf dem fertig gebackenen Scheiterhaufen verteilen. Noch einmal in den Ofen schieben und für ein paar Minuten bei 200 °C Oberhitze backen, bis das Baiser hellbraun wird. Den Scheiterhaufen herausnehmen und leicht abkühlen lassen.

**Anrichten.** Scheiterhaufen in Stücke der gewünschten Größe schneiden, aus der Form nehmen und servieren.

*(Ergibt 4 Portionen)*

**Scheiterhaufen**
400 g altbackenes Weißbrot oder Brioche
*(Rezept siehe S. 35)*
500 ml Milch
8 EL Zucker
500 g Topfen
2 Eigelb
250 g Sauerrahm
Saft und Zesten von
1 Bio-Zitrone
4 Pck. Vanillezucker
5 Äpfel
5 EL Semmelbrösel
30 g Mandelblätter
5 EL Rumrosinen
2 TL Ceylon-Zimt

**Baisertopping**
4 Eiweiß
1 Prise Salz
200 g Staubzucker

# Die süße Jause

**Einmal pro Tag braucht es etwas Süßes, mindestens. Die Patisserie in der Roten Wand hat sich darauf spezialisiert, bestehende Erwartungen zu übertreffen. Jeder Kuchen, jede Torte, jede andere Süßspeise werden in der eigenen Küche hergestellt, stets im Einklang mit dem Angebot, das die jeweilige Saison gerade mit sich bringt: vom Obstkuchen bis zur Schokoladentorte, von der Topfenobersschnitte bis zum Linzer Kuchen – all unsere Kuchen werden mit größter Sorgfalt gebacken.**

# Blechkuchen mit Marillen

Für uns ist dieser Rührteigkuchen die beste Methode, um Saisonfrüchte süß zu verarbeiten. Die wichtigste Regel: nie mit zu wenig Obst belegen!

*(Ergibt 1 Blech)*

**Blechkuchen mit Marillen**
300 g Butter
160 g Staubzucker
1 Msp. Vanille, gemahlen
Zesten von 1 Bio-Zitrone
8 Eier
300 g Mehl
1 TL Backpulver
60 g Maisstärke
1 EL Butter (zum Fetten des Backblechs)
1 EL Mehl, griffig (zum Bestreuen des Backblechs)
500 g Marillen, halbiert und entkernt

**Blechkuchen mit Marillen.** Den Backofen auf 170°C Ober-/Unterhitze vorheizen. Butter, Zucker, Vanille und Zitronenzesten vermischen und die Masse schaumig schlagen. Die Eier eines nach dem anderen hinzufügen. Mehl, Backpulver und Maisstärke vermischen und zum Schluss unter die Buttermasse rühren. Ein Backblech mit Butter einfetten und etwas Mehl daraufstäuben. Den Teig auf dem Blech ausstreichen. Die Marillenhälften auf dem Teig verteilen und 40 Minuten im Ofen backen. Herausnehmen, auskühlen lassen und in Stücke der gewünschten Größe schneiden. Mit Staubzucker bestäubt servieren.

# Linzer Kuchen

Ein österreichischer Klassiker, den wir verfeinern, indem wir etwas Marmelade in den Teig mischen. Dadurch wird er etwas saftiger und fluffiger.

**Linzer Kuchen.** Den Ofen auf 160 °C Umluft (180 °C Ober-/Unterhitze) vorheizen. Mehl, Backpulver, geriebene Mandeln, Semmelbrösel und Zimt miteinander vermischen. Die Butter mit dem Staubzucker in der Küchenmaschine oder mit dem Handrührgerät schaumig schlagen, die Eier nacheinander dazugeben und dabei auf mittlerer Stufe weiterschlagen. Anschließend die Mehl-Mandel-Mischung mit der Butter-Ei-Masse vermengen und 4 Esslöffel Ribiselmarmelade unterrühren. Ein Backblech einfetten und drei Viertel der Kuchenmasse flach darauf ausstreichen. Den Rest in einen Spritzsack mit Sterntülle füllen und einen Streifen entlang des Blechrands aufspritzen. Nun die übrige Ribiselmarmelade auf dem Teig verteilen. Mit der restlichen Masse im Spritzbeutel Rauten auf die Marmelade spritzen. Den Kuchen in den Backofen schieben (Mittelschiene) und etwa 40 Minuten backen. Herausnehmen, auskühlen lassen und in Stücke der gewünschten Größe schneiden.

*(Ergibt 1 Blech)*

**Linzer Kuchen**
450 g Mehl
1 TL Backpulver
450 g geriebene Mandeln
350 g Semmelbrösel
1 TL Ceylon-Zimt
520 g Butter, weich
450 g Staubzucker
8 Eier
240 g Ribiselmarmelade

Angelina Ortler, zuständig für die Patisserie der Roten Wand

# Schokotorte

Keine Torte ist in der Roten Wand populärer als diese.
Profitipp: je besser die Schokolade, desto feiner die Torte.

*(Ergibt eine Kuchen-form von 26 Zentimeter Durchmesser)*

**Schokotorte**
160 g Butter
128 g Staubzucker
7 Eier
160 g dunkle Schokolade, im Wasserbad geschmolzen
80 g Zucker
160 g Mehl, gesiebt
Salz

**Füllung**
300 g Marillenmarmelade, passiert

**Schokotorte.** Den Backofen auf 190° C Umluft vorheizen. Butter und Staubzucker zusammen schaumig aufschlagen. Die Eier trennen und die Eigelb nach und nach dazugeben, die flüssige Schokolade langsam einrinnen lassen. Das Eiweiß mit einer Prise Salz aufschlagen, die Hälfte des Zuckers am Anfang dazugeben, den zweiten Teil etwa auf der Hälfte des Schlagvorganges. Den Eischnee unter die Schoko-Eigelb-Masse ziehen und das gesiebte Mehl unterheben. Den Teig in die Form füllen, in den Backofen stellen und ca. 1 Stunde backen. Die Backform aus dem Ofen nehmen, sofort umdrehen und den Schokokuchen in der Form auskühlen lassen. Dann horizontal zu zwei Böden durchschneiden.

**Füllung.** Die Böden mit Marillenmarmelade bestreichen und wieder zusammensetzen. Die Marillenmarmelade zum Überziehen etwas köcheln lassen, eine Gelierprobe machen und die Torte mit der Marmelade übergießen, sobald sie andickt. Mit einer Palette leicht abziehen, damit sich nicht zu viel Marmelade in der Mitte sammelt. Im Kühlschrank etwas fest werden lassen.

**Glasur.** Die dunkle Schokolade mit der Butter im Wasserbad schmelzen lassen. Die Milch mit dem Glukosesirup und dem Kakaopulver einmal aufkochen, etwas auskühlen lassen und in die Schokolade einrühren. Die optimale Temperatur der Schokoladenglasur zum Übergießen beträgt 35 °C, sie wird wie die Marmelade über den Kuchen gegossen und dann mit einer Palette glatt gestrichen.

Auskühlen lassen, optimal dafür ist eine Temperatur von 10 bis 12 Grad, hierfür bietet sich ein kühler Raum oder der Keller an. In Stücke schneiden und mit Schlagobers servieren.

**Glasur**
470 g dunkle Schokolade
125 g Butter
200 ml Milch
75 g Glukosesirup
50 g Kakaopulver

# Topfenobersschnitte

Das Besondere an dieser Schnitte ist ihre Luftigkeit.
Dafür sorgt der geschlagene Obers – und die Sorgfalt,
mit der er unter die Füllung gehoben wird.

*(Ergibt 1 halbes Blech)*

**Biskuitteig**
5 Eier
70 g Zucker
70 g Mehl
70 g Maisstärke

**Füllung**
400 g Topfen
4 Eigelb
200 g Zucker
1 TL Vanillezucker
1 Msp. Vanille, gemahlen
4 Blatt Gelatine
400 ml Schlagobers

**Topfenobersschnitte.** Den Backofen auf 180 °C Ober-/Unterhitze vorheizen. Die Eier und den Zucker mit dem Handrührgerät auf höchster Stufe aufschlagen, bis die Masse schön luftig ist. Mehl und Maisstärke vermischen und vorsichtig unter die Eimasse heben. Den Teig auf einem mit Backpapier belegten Blech ausstreichen und es in den Backofen schieben. Ca. 10 bis 15 Minuten backen und danach auskühlen lassen. Das Biskuit in der Mitte durchschneiden und vorsichtig vom Blech lösen.

**Füllung.** Topfen, Eigelb, Zucker, Vanillezucker und Vanille schaumig schlagen. Die Gelatine in kaltem Wasser einweichen, ausdrücken, zur Topfenmasse geben und verrühren. Den Obers aufschlagen und unterheben.

Die eine Biskuithälfte auf einem Blech in einen passenden rechteckigen Backrahmen einpassen, mit der Füllung bestreichen, die andere Biskuithälfte daraufsetzen. Für mindestens 3 Stunden in den Kühlschrank geben und durchkühlen lassen. Mit Staubzucker bestreuen und in Stücke der gewünschten Größe schneiden.

# Topfenkuchen

Damit der Mürbteig gut gelingt, muss vor allem die Temperatur der Butter stimmen. Sie muss sehr kalt sein und direkt aus dem Kühlschrank kommen. Den Teig rollen wir dann zwischen Backpapierbögen aus.

**Topfenkuchen.** Den Backofen auf 180 °C Ober-/Unterhitzee vorheizen. Das Mehl, die Butterwürfel und den Zucker mit dem Knethaken der Küchenmaschine oder kalten Händen schnell zu einem geschmeidigen Teig verkneten. Daraus eine Kugel formen, einschlagen und für mindestens 30 Minuten in den Kühlschrank legen. Anschließend auf der Arbeitsfläche zwischen zwei Lagen Backpapier gleichmäßig ausrollen und in die eingefettete und mehlierte Tarteform geben. Den Teig mit einer Gabel mehrmals einstechen. In den Backofen schieben (Mittelschiene) und 10 bis 15 Minuten hellbraun backen. Auskühlen lassen.

**Füllung.** Den Backofen auf 160 °C Umluft (180 °C Ober-/Unterhitze) vorheizen. Topfen mit Sauerrahm vermischen und glatt rühren. Staubzucker, Vanille und Zitronenzesten dazugeben, das Eigelb einrühren und zum Schluss das Mehl unterheben. Diese Masse gleichmäßig auf dem Mürbteigboden verteilen.

In den Backofen schieben (Mittelschiene) und etwa 45 Minuten goldgelb backen. Herausnehmen und auskühlen lassen.

*(Ergibt 1 Tarteform von 28 Zentimeter Durchmesser)*

**Mürbteig**
300 g Mehl
200 g kalte Butter, in Würfel geschnitten
100 g Zucker

**Füllung**
500 g Topfen
250 g Sauerrahm
150 g Staubzucker
1 Msp. Vanille, gemahlen
Zesten von 1 Bio-Zitrone
1 Eigelb
90 g Mehl

# Das Fondue

Josef Walch, der Senior, war Skilehrer, Landwirt und hatte ein Talent, Menschen zu unterhalten. Er erfand die klingelnden Schlittenfahrten von Lech nach Zug, und weil er sehr gut wusste, dass Schlittenfahrer ein Ziel brauchen, versorgte er sie an der Schlittenendstation – die natürlich die Rote Wand war – mit gutem Essen. Dafür war seine Frau Burgi zuständig. Sie begründete in fast dreißig Jahren als Küchenchefin den Ruf der Roten Wand als Ort für fortgeschrittene Genießer.

  Das Fondue, das Burgi und Josef einführten, ist längst zur Tradition geworden. Und der Schlitten klingelt immer noch. Fondue gibt es in der Roten Wand auch heute noch in jeder Spielart. Mit Käse, Fleisch, Suppe und all den Beilagen, die auf den ersten Blick nach viel zu viel aussehen – von denen aber keine fehlen dürfte.

# Fondue mit Saucen, Mixed Pickles und Knoblauchbaguette

**Fondue Chinoise**
*(Pro Person)*
100 g Rinderfilet, in Scheiben geschnitten
100 g Kalbshuft, in Scheiben geschnitten
Rindsbrühe *(siehe Grundrezepte, S. 387)*, mit etwas Zitronengras verfeinert

**Fondue Chinoise.** Die Rindsbrühe aufkochen, in den Fonduetopf gießen und auf kleiner Flamme heiß halten. Die Fleischstücke darin nach Belieben garen und anschließend mit der Sauce der Wahl verzehren.

**Fondue Bourguignonne**
*(Pro Person)*
200 g Rinderfilet, in 2 × 2 cm große Würfel geschnitten, Frittierfett/-öl

Tipp: Eine rohe Kartoffel ins Fett bzw. Öl geben, damit es beim Eintauchen der Fleischstücke nicht spritzt.

**Fondue Bourguignonne.** Das Frittieröl auf dem Herd langsam erhitzen, in den Fonduetopf geben und über der Flamme heiß halten. Der Topf sollte zu etwa zwei Dritteln gefüllt sein. Das Fett ist heiß genug, wenn an einem Holzlöffelstiel, den man hineinhält, kleine Bläschen aufsteigen. Das Fleisch kurz darin garen lassen und anschließend mit der Sauce der Wahl verzehren.

**Käsefondue**
*(Pro Person)*
210 g Vorarlberger Käse, gerieben (Mischung aus 1 Teil ca. 10 Monate gereiftem Bergkäse und 1 Teil mindestens 1 Jahr gereiftem Hochalpenkäse)
1/2 Knoblauchzehe
90 ml Weißwein, trocken
1 gehäufter TL Maizena
1 Schuss Kirschwasser
Muskat
Pfeffer, weiß
100 g Weißbrot, in ca. 3 cm große Würfel geschnitten
100 g kleine Kartoffeln, gekocht

**Käsefondue.** Das Caquelon nach Wunsch mit Knoblauch ausreiben oder Knoblauchscheiben mitkochen. Den Weißwein ins Caquelon gießen und kurz aufkochen, den Käse nach und nach dazugeben. Unter ständigem Rühren erwärmen. Wenn der Käse geschmolzen ist, mit frischem Muskat und etwas weißem Pfeffer würzen. Kurz aufkochen und die in etwas Weißwein gelöste Stärke flott einrühren, nochmals 2 Minuten köcheln lassen. Brotstücke und Kartoffeln in die fertige heiße Käsemischung eintauchen.

**Fischfondue.** Den Fischfond aufkochen, in den Fonduetopf gießen und anschließend über kleiner Flamme heiß halten. Die Fischstücke kurz darin garen und anschließend mit der Sauce der Wahl verzehren.

**Currysauce.** Sauerrahm, Topfen und Mayonnaise mit einem Schneebesen verrühren. Orangensaft, Marillenmarmelade und Currypulver vermischen, in einen kleinen Topf geben und erhitzen, damit sich das Curryaroma entfalten kann. Leicht abkühlen lassen und mit den Früchten an die Sauerrahmmasse geben und gut unterrühren. Mit Salz und Pfeffer abschmecken. Kalt stellen.

**Knoblauchsauce.** Mayonnaise, Sauerrahm und Topfen mit einem Schneebesen verrühren. Mit Salz, Pfeffer und viel Knoblauch abschmecken. Kühl stellen.

**Miso-Mayonnaise.** Eigelb, Miso, Ingwer, Sojasauce, Wasabipaste, Limettensaft und -zesten mit dem Schneebesen der Küchenmaschine oder dem Handrührgerät ca. 1 Minute cremig schlagen. Das Öl zunächst tropfenweise, dann langsam in einem dünnen Strahl in die Eigelbmasse einrinnen lassen, dabei auf der mittleren Stufe weiterschlagen. Wenn die Mayonnaise die richtige Konsistenz erreicht hat, einmal kurz auf die höchste Stufe schalten. Mit Salz und Pfeffer abschmecken.

### Fischfondue
*(Pro Person)*
200 g Fischfilet nach Belieben, in Streifen oder dünne Scheiben geschnitten
Fischfond *(siehe Grundrezepte, S. 388)*

### Currysauce
*(Ergibt 4 Portionen)*
80 g Sauerrahm
100 g Topfen
20 g Mayonnaise
*(siehe Grundrezepte, S. 389)*
Saft von ½ Orange
1 EL Marillenmarmelade
1 EL Currypulver
60 g frische Ananas, in kleine Würfel geschnitten
2 Marillen, geschält und in kleine Würfel geschnitten
Salz + Pfeffer

### Knoblauchsauce
*(Ergibt 4 Portionen)*
50 g Mayonnaise
*(siehe Grundrezepte, S. 389)*
100 g Sauerrahm
75 g Topfen
Salz + Pfeffer
2 Knoblauchzehen, fein gerieben

### Miso-Mayonnaise
*(Ergibt ca. 600 Milliliter)*
2 Eigelb
8 g dunkles Miso
4 g Ingwer, sehr fein gerieben
4 g Sojasauce
20 g Wasabipaste
Saft und Zesten von ½ Bio-Limette
550 ml Sonnenblumenöl
Salz + Pfeffer

**Ajvar**
*(Ergibt 3 Gläser à 200 Milliliter)*
1,5 kg rote Paprika,
grob geschnitten
1 Aubergine, geviertelt und
in Scheiben geschnitten
1 Zwiebel, grob geschnitten
4 Knoblauchzehen
10 EL Olivenöl
1 EL Paprikapulver, edelsüß
Wasser
1 Schuss Weißweinessig
1 Msp. Cayennepfeffer
Zucker
Salz + Pfeffer

**Ajvar.** Paprika, Aubergine, Zwiebel und Knoblauch in 2 Esslöffeln Olivenöl anschwitzen und leicht anbräunen. Paprikapulver dazugeben und kurz mitschwitzen, etwas Wasser angießen, sodass das Gemüse bedeckt ist. Mit geschlossenem Deckel ca. 1 Stunde bei geringer Hitze köcheln, bis alles weich und etwa die Hälfte der Flüssigkeit verkocht ist. 8 Esslöffel Olivenöl und den Schuss Weißweinessig hinzufügen. Mit dem Stabmixer alles pürieren, bis eine homogene, aber nicht zu glatte Masse entstanden ist. Mit Cayennepfeffer, Zucker, Salz und Pfeffer abschmecken. Heiß in saubere Schraubgläser füllen, sofort verschließen und auskühlen lassen. Das Ajvar ist etwa 6 Monate haltbar, nach Anbruch aber in den Kühlschrank stellen und bald aufbrauchen.

**Mixed Pickles**
*(Ergibt 1 Glas von 1 Liter)*
1 Gurke
2 Paprika
3 Karotten
½ Karfiol
20 Perlzwiebeln

**Einlegesud**
1 Menge Einlegesud
*(siehe Grundrezepte, S. 391)*

**Mixed Pickles.** Die Gurke schälen und längs halbieren. Mit einem Löffel die Kerne herauskratzen und die Gurke in halbzentimeterdicke Scheiben schneiden. Die Paprikaschoten vom Kerngehäuse befreien und in 1 Zentimeter breite Streifen schneiden. Die Karotten schälen und in halbzentimeterdicke Scheiben schneiden. Den Karfiol in kleine Röschen zerteilen. Die Perlzwiebeln schälen. Karotten, Karfiol und die Perlzwiebeln separat in kochendem Wasser bissfest garen. In Eiswasser abschrecken. Nun die rohen Gurkenstücke, die rohen Paprikastreifen und die blanchierten Gemüse (Karotten, Karfiol und Perlzwiebeln) in Gläser füllen. Wasser, Essig, Zucker, Salz und die Gewürze in einen Topf geben, einmal aufkochen lassen und heiß über das Gemüse ins Glas gießen. Sofort verschließen und auskühlen lassen. Die Mixed Pickles sind mindestens 6 Monate haltbar.

**Knoblauchbaguette.** Backofen auf 200 °C Umluft vorheizen. Die weiche Butter schaumig schlagen und mit den geriebenen Knoblauchzehen, den Kräutern, dem Senf und der Worcestersauce verrühren, dann mit Salz und Pfeffer abschmecken. Das Baguette längs halbieren und auf den Schnittseiten mit der Knoblauch-Kräuter-Butter großzügig bestreichen. In den Backofen schieben und goldbraun backen. Die Hälften wieder zusammensetzen und in etwa 5 Zentimeter breite Tranchen schneiden.

**Eisbergsalat mit Haus-Dressing.** Zwiebel, Knoblauch, weißen Balsamico und Himbeeressig, Honig, Estragonsenf und das Wasser zusammen in ein hohes Gefäß geben und mit dem Zauberstab mixen. Während des Mixens das Öl langsam in dünnem Strahl einrinnen lassen, damit es sich gut mit dem Rest verbindet und emulgiert. Mit Salz und Pfeffer abschmecken. Den Salat in eine Schüssel geben, mit dem Haus-Dressing anmachen. Den Rest davon in ein Schraubglas füllen und im Kühlschrank aufbewahren, das Dressing hält sich dort bis zu 2 Wochen.

**Knoblauchbaguette**
1 Baguette
150 g weiche Butter
2 Knoblauchzehen, fein gerieben
2 EL Petersilie, gehackt
2 EL Schnittlauch, fein geschnitten
1 TL Senf
1 Spritzer Worcestersauce
Salz + Pfeffer

1 Kopf Eisbergsalat, in mundgerechte Stücke zerteilt

**Haus-Dressing**
*(Ergibt 1 Liter)*
½ Zwiebel, klein geschnitten
½ Knoblauchzehe, klein geschnitten
125 ml weißer Balsamico
1 EL Himbeeressig
½ TL Honig
½ TL Estragonsenf
125 ml Wasser
750 ml Öl
Salz + Pfeffer

# Schoko-Fondue

Wenn es Fondue gibt, freuen sich die großen und die kleinen Kinder. Ganz besonders aber freuen sich die kleinen Kinder, wenn es zum Nachtisch Schoko-Fondue gibt. Je besser die Milchschokolade, desto besser das Fondue.

**Schoko-Fondue**
*(Ergibt 4 Portionen)*
450 g Vollmilchschokolade
250 ml Schlagobers
1 Schuss Rum (nach Belieben)
200 g Obst (nach Belieben und Saison), in mundgerechte Stücke geschnitten

**Schoko-Fondue.** Den Obers in einen Topf gießen und einmal aufkochen. Die Milchschokolade zerbrechen und mit einem Schneebesen im Obers auflösen. Für Erwachsene, falls gewünscht, einen Schuss Rum einrühren.

# Die Abendmenüs

**Jeden Abend bietet die Rote-Wand-Küche ein komplettes Programm an. Sie stellt täglich ein sechsgängiges Menü zusammen, vom Appetizer über den Salat, die Suppe zu den Vor-, Haupt- und Nachspeisen. Die Lebensmittel für dieses Menü stammen vorzugsweise aus der näheren Umgebung.**

**   In den letzten Jahren entstand ein kulinarisches Netzwerk rund um den Arlberg, das Küchenchef Florian Armbruster und seine Vertrauten zu nützen und zu bespielen wissen. Der Fisch stammt aus dem Zuger Fischteich. Das Wild bringen die Jäger. Fleisch und Gemüse liefern der Vetterhof und einige andere Überzeugungstäter, und wenn die Equipe in den Bergen unterwegs ist, bringen die einzelnen Köche Fundstücke aus Wald und Wiese mit: Kräuter, Pilze, Fichtenwipferl. Dem Abendmenü in der Roten Wand gelingt dabei etwas Besonderes: Der kulinarische Anspruch ist sehr hoch. Sämtliche Gerichte bleiben aber gut verständlich und zugänglich.**

Florian Armbruster, für Wirtshaus- und Hotelküche der Roten Wand verantwortlich

# Das Prinzip der Rote-Wand-Küche

Von Florian Armbruster

**Wir kochen täglich sehr viele Mahlzeiten, zu jeder Tageszeit die passenden Gerichte — entsprechend vielseitig ist unsere Küche. Die Basis unserer Hotelküche beruht klarerweise auf klassischen Grundlagen. Wir orientieren uns an der regionalen, alpinen Küche und an österreichischen Klassikern. Dabei versuchen wir, die Gerichte leicht zu halten und ihnen ein zeitgemäßes, modernes Gesicht zu geben.**

Wir achten darauf, nicht zu viele Komponenten zu verwenden und unsere Gerichte nachvollziehbar zu machen – aber das gewisse Etwas müssen sie schon haben. Sie werden das an den Rezepten merken, die keineswegs so einfach sind, wie sie vielleicht auf den ersten Blick aussehen. Aber keine Angst: Wir haben darauf geachtet, dass jedes unserer Gerichte auch zu Hause gut nachgekocht werden kann.

Für unsere Rezepte gehen wir immer von den Dingen aus, die gerade in bester Qualität verfügbar sind. Wir haben ein weitgespanntes Netz von Produzenten, die uns mit ihren saisonalen Lebensmitteln beliefern. Wenn der erste Spargel kommt, überlegen wir uns, was wir damit anfangen wollen. Wenn die Kirschen reif sind, werden wir sie in unsere Gerichte einbauen – oder einfach einen wunderbaren Kirschkuchen backen.

Gutes Essen ist ein zentraler Bestandteil der Roten Wand. Wir sind uns der hohen Erwartungen unserer Gäste bewusst. Deshalb kümmern wir uns darum, diesen Erwartungen gerecht zu werden. Wir achten darauf, die besten Lebensmittel zu bekommen, idealerweise aus Betrieben in der Nähe, die wir kennen.

Außerdem sind wir immer auf der Suche nach neuen Anregungen. Manchmal bringt einer von uns etwas Neues mit, manchmal kosten wir irgendwo etwas Spannendes, manchmal sehen wir ein interessantes Gericht in den sozialen Medien. Dann arbeiten wir an neuen, nicht alltäglichen Rezepten, spielen mit Zutaten und Kombinationen, die wir noch nicht ausprobiert haben, und freuen uns, wenn es uns gelingt, unsere Gäste ständig von Neuem zu überraschen.

**Florian Armbruster** stammt aus dem Schwarzwald. Er absolvierte seine Lehre im Hotel 3 Könige in Oberwolfach und arbeitete in einem Betrieb in Baiersbronn sowie im Adler Lahr-Reichenbach. Nachdem er 2016 in die Rote Wand gekommen war, wurde er nach einer Saison Souschef und ist seit 2017 Küchenchef der gesamten Hotelgastronomie.

# Stundenei mit Erbsen, Radieschen und Kartoffelcrunch

Das cremige, weiche Ei braucht Kontraste. Deshalb machen wir eine Vinaigrette mit knackigen Radieschen und Erbsen und geben etwas Kartoffelcrunch dazu, damit auch noch ein knuspriges Element auf dem Teller ist.

**Stundenei.** Die Eier mit Schale bei 63 C° in einem Sous-Vide-Bad oder in einem Dampfgarer 1 Stunde garen. Alternativ können die Eier auch pochiert werden.

**Erbsencreme.** Erbsen aus den Schoten lösen und im Gemüsefond ca. 3 Minuten blanchieren, danach in Eiswasser abschrecken. Mit dem Gemüsefond und der Butter glatt pürieren, mit dem Limettensaft, Salz und Pfeffer abschmecken. Die pürierte Erbsencreme durch ein feines Sieb streichen.

**Erbsen-Radieschen-Vinaigrette.** Erbsen aus den Schoten lösen, ca. 3 Minuten blanchieren, danach in Eiswasser abschrecken. Anschließend die Erbsen aus der Schale drücken. Die Erbsen und die Radieschen vor dem Anrichten mit dem weißen Balsamico, Limettensaft, Olivenöl, etwas Zucker und Salz abschmecken.

*(Ergibt 4 Portionen)*

**Stundenei**
4 Eier

**Erbsencreme**
200 g Erbsen, frisch
200 ml Gemüsefond
*(siehe Grundrezepte, S. 388)*
50 g Butter
Saft von ½ Limette
Salz + Pfeffer

**Erbsen-Radieschen-Vinaigrette**
100 g Erbsen, frisch
6 Radieschen, in feine Würfel geschnitten
1 TL weißer Balsamico
Saft von ½ Limette
1 EL Olivenöl
Zucker
Salz

**Kartoffelcrunch**
1 große Kartoffel, festkochend
Öl zum Frittieren

**Anrichten**
Meersalz
1 Bund Brunnenkresse
Olivenöl
Weißer Balsamico

**Kartoffelcrunch.** Die Kartoffel schälen und in feine Würfel schneiden, die Würfel kurz in kaltes Wasser legen. Anschließend in Öl bei ca. 140 °C goldgelb frittieren.

**Anrichten.** Die lauwarme Erbsencreme in vier tiefen Tellern ringförmig anrichten, jeweils ein Stundenei oder pochiertes Ei in die Mitte setzen. Die Erbsen-Radieschen-Vinaigrette um und über das Ei löffeln. Den Kartoffelcrunch und etwas Meersalz über das Ei streuen. Die Brunnenkresse mit Olivenöl und weißem Balsamico marinieren und ebenfalls auf dem Ei anrichten.

# Ravioli vom Flötzerhuhn mit Maiscreme und Kräuteröl

Das Flötzerhuhn, das wir für unsere Geflügelgerichte verwenden, hat eine ganz besondere Qualität. Für die Ravioli verarbeiten wir die Keulen, die wir zu Pulled Chicken verarbeiten. Das Fleisch wird anschließend mit Jus und Gewürzen abgeschmeckt und in den selbst gemachten Nudelteig eingeschlagen.

**Maiscreme.** Die Maiskörner in gesalzenem Wasser weich kochen, abkühlen lassen und mit dem Obers fein pürieren. Anschließend durch ein Sieb streichen und mit Salz und Pfeffer abschmecken.

**Raviolifüllung.** Die Hühnerhaut von den Keulen lösen und zur Seite legen. Die Keulen mit Salz und Pfeffer würzen. Zuerst mit Backpapier, dann mit Alufolie umhüllen und in den Backofen geben, bei 120 °C Ober-/Unterhitze 2,5 Stunden garen. Anschließend das Fleisch von den Knochen lösen und auseinanderzupfen, bei Bedarf größere Stücke mit dem Messer klein schneiden. Das zerkleinerte Fleisch mit Hühnerjus, gehacktem Thymian, Honig, Salz und Pfeffer abschmecken.

**Ravioli.** Den Nudelteig dünn ausrollen. Mit einer runden Ausstechform (ca. 8 Zentimeter Durchmesser) Teigkreise ausstechen. Je einen Löffel der Füllung in die Mitte setzen, die Teigränder mit Wasser bestreichen und über die Mitte exakt zusammenklappen. Die Ränder gut andrücken. Vor dem Anrichten die Ravioli ca. 2 Minuten in siedendem Wasser kochen und anschließend mit Butter glasieren.

*(Ergibt 4 Portionen)*

**Maiscreme**
300 g frischer Mais
60 ml Schlagobers
Salz + Pfeffer

**Raviolifüllung**
2 Hühnerkeulen
Salz + Pfeffer
4 EL Hühnerjus
*(siehe Grundrezepte, S. 387)*
1 TL frischer Thymian, gehackt
1 TL Honig

**Ravioli**
*(3 Ravioli pro Portion)*
300 g Nudelteig
*(siehe Grundrezepte, S. 389)*
60 g Butter

**Knusprige Hühnerhaut.** Das Fleisch an der Innenseite der Hühnerhaut abkratzen. Hühnerhaut auf ein mit Backpapier ausgelegtes Blech legen, zum Beschweren ein zweites daraufsetzen. In den Backofen schieben und bei 150 °C 20 Minuten backen, bis die Haut knusprig ist. Hühnerhaut vom Blech nehmen und auf Küchenpapier auslegen, damit das Fett abtropfen kann. Die knusprige Hühnerhaut in mundgerechte Stücke brechen.

**Anrichten.** Die Maiscreme unter Rühren erwärmen und auf vier tiefe Teller verteilen. Pro Portion drei Ravioli auf der Maiscreme anrichten, den Hühnerjus angießen. Das Kräuteröl in den Jus träufeln. Die knusprige Hühnerhaut über die Ravioli geben. Die Kräuter mit weißem Balsamico marinieren und über die Ravioli verteilen.

**Hühnerjus**
8 EL Hühnerjus
*(siehe Grundrezepte, S. 387)*

**Kräuteröl**
4 TL Kräuteröl
*(Rezept siehe S. 151)*

**Anrichten**
Kräuter zum Dekorieren
1 EL weißer Balsamico

# Kalbstatar mit eingelegtem Spargel, Bergkäse und Kartoffelsticks

Es gibt viele Methoden, um Tatar herzustellen. Wir haben uns dafür entschieden, nicht den Fleischwolf zu verwenden, sondern das Fleisch mit einem scharfen Messer klein zu schneiden. Die etwas unterschiedlich geschnittenen Fleischteilchen verleihen dem Gericht eine interessante Textur.

**Kalbstatar.** Alle Sehnen und Häute vom Kalbfleisch entfernen. Dann mit einem scharfen Messer in feine Stücke hacken. Anschließend mit Zitronenzesten, Salz, Pfeffer und Olivenöl abschmecken.

**Kräutermayonnaise.** Mayonnaise nach Grundrezept zubereiten, allerdings das Rapsöl bei der Zubereitung der Mayonnaise durch Kräuteröl *(Rezept siehe S. 151)* ersetzen.

**Kartoffelsticks.** Kartoffeln schälen, in feine Stifte schneiden und in kaltes Wasser geben, damit sie sich nicht verfärben. Die Kartoffelsticks gut abtropfen lassen und in Öl bei 140 °C goldgelb und knusprig frittieren.

*(Ergibt 4 Portionen)*

**Kalbstatar**
500 g Kalbfleisch
(Hüfte oder Filet)
Zesten von 1 Bio-Zitrone
2 EL Olivenöl
Salz + Pfeffer

**Kräutermayonnaise**
120 g Mayonnaise
*(siehe Grundrezepte, S. 389)*

**Kartoffelsticks**
2 Kartoffeln
Öl zum Frittieren

**Eingelegter Spargel**
125 g Spargelspitzen
150 ml Wasser
50 ml Weißweinessig
15 g Zucker
5 g Salz
1 Stängel Estragon
5 g Senfkörner

**Anrichten**
80 g Bergkäse, gereift
1 Bund Schnittlauch, frisch geschnitten

**Eingelegter Spargel.** Den Backofen auf 90 °C Umluft vorheizen. Für den Einlegesud Wasser, Essig, Zucker, Salz und Gewürze aufkochen. Dann bei geringer Hitze eine Stunde ziehen lassen, anschließend durch ein Spitzsieb abgießen. Die Spargelspitzen schälen, in ein Weckglas geben und den kochenden Sud darübergießen. Ein tiefes, mit heißem Wasser gefülltes Blech in den Ofen schieben. Ein Gitter über das Blech legen und das verschlossene Glas daraufstellen. Spargel 40 Minuten im Ofen garen.

**Anrichten.** Kalbstatar mithilfe eines Servierrings auf vier Tellern anrichten. Die Kräutermayonnaise mit einem Dressierbeutel auf das Tatar spritzen. Den Bergkäse darüberreiben. Die Kartoffelsticks darauf anrichten. Den eingelegten Spargel in dünne Scheiben schneiden und auf den Kartoffelsticks verteilen. Mit Schnittlauch bestreuen.

# Gebeizter Saibling mit Kohlrabi, grünem Apfel und Wasabi

Der Kohlrabi, der mit weißem Balsamico gebeizt wird, bekommt eine perfekte Balance aus süß, sauer und knackig. Wenn Sie gerade keinen weißen Balsamico zu Hause haben, können Sie auch Apfelsaft verwenden, den Sie mit Limettensaft säuern.

**Kohlrabi.** Den Kohlrabi schälen und in dünne Scheiben schneiden. Aus den Kohlrabischeiben mit einem Ring (ca. 6 Zentimeter Durchmesser) Kreise ausstechen. In den weißen Balsamico einlegen.

**Kräuteröl.** Spinat, Kräuter und Rapsöl in den Standmixer geben und gründlich pürieren. Das Öl danach in einem Topf kurz erhitzen, bis es Blasen wirft. 1 Minute bei kleinerer Hitze köcheln lassen, anschließend durch ein Tuch passieren und auf Eis schnell wieder abkühlen.

**Wasabi-Mayonnaise.** Die Eigelbe mit Senf, Sojasauce, Wasabipaste und Ingwer in einem Mixbecher verrühren. Anschließend das Öl langsam in die Eigelbmasse einlaufen lassen und mit dem Handrührgerät oder dem Schneebesen einarbeiten. Mit dem Limettensaft, Salz und Pfeffer abschmecken.

*(Ergibt 4 Portionen)*

**Gebeizter Saibling**
320 g fertig gebeiztes Saiblingsfilet
*(alternativ Lachsforellenfilet, für die Beize siehe S. 49)*

**Kohlrabi**
1 Kohlrabi
Weißer Balsamico zum Einlegen

**Kräuteröl**
30 g frischer Spinat
100 g gemischte Kräuter
(z. B. Kerbel, Petersilie, Schnittlauch, Thymian)
100 ml Rapsöl

**Wasabi-Mayonnaise**
2 Eigelb
1 TL Senf
2 EL Sojasauce
10 Gramm Wasabipaste
1 TL Ingwer, gerieben
250 ml Rapsöl
Saft von ½ Limette
Salz + Pfeffer

**Grüner-Apfel-Jus.** Äpfel mit dem Entsafter entsaften. Den Saft durch ein Tuch passieren und mit dem Limettensaft abschmecken.

**Anrichten.** Den Saibling in gleichmäßige dünne Scheiben schneiden (80 Gramm pro Portion). Die Kohlrabischeiben halbieren und die Fischtranchen für jede Portion überlappend in einer Reihe auflegen und das Ganze dann zu einer Rose aufrollen. Die Fisch-Kohlrabi-Rosen auf die Teller setzen, die Wasabi-Mayonnaise auf und neben den Fisch löffeln. Den Grünen-Apfel-Jus darübergießen. Einen grünen Apfel in feine Stifte schneiden und auf dem Fisch anrichten. Das Kräuteröl in den Apfel-Jus träufeln. Mit Brunnenkresse dekorieren.

**Grüner-Apfel-Jus**
5 grüne Äpfel
Saft von ½ Limette

**Anrichten**
1 grüner Apfel
Brunnenkresse

# Confierte Lachsforelle mit Holunderblüten, Gurke und Dill

Wir confieren den Fisch, wenn wir ihn maximal saftig auf den Teller bringen wollen. Dafür wird er bei niedriger Temperatur in Olivenöl gegart. Die Blüten für den Holunderblütensirup sammeln wir selbst.

*(Ergibt 4 Portionen)*

**Confierte Lachsforelle**
400 g Lachsforellen
400 ml Olivenöl
Zesten von 1 Bio-Zitrone
Etwas Thymian
1 Knoblauchzehe

**Holunderblüten-Jus**
100 ml Holunderblütensirup
*(siehe Grundrezepte, S. 391)*
50 ml Holunderblütenessig
*(siehe Grundrezepte, S. 391)*
50 ml Wasser
Saft von ½ Limette
Zucker

**Joghurtcreme**
100 g Joghurt
50 g Crème fraîche
Salz
Saft von ½ Limette

**Dillöl**
200 ml Rapsöl
100 g Dill
50 g Spinat

**Confierte Lachsforelle.** Die Lachsforelle von den Gräten befreien, das Filet zurechtschneiden und die Haut abziehen. In 4 gleich große Portionen teilen. Das Olivenöl mit Zitronenzesten, Thymian und Knoblauch in eine Auflaufform geben und im Backofen auf 60°C erhitzen. Den Fisch etwa 15 Minuten (je nach Größe) im Öl garen. Den confierten Fisch herausnehmen und auf einem Tuch abtropfen lassen.

**Holunderblüten-Jus.** Den Holunderblütensirup mit Holunderblütenessig und Wasser verrühren und mit Limettensaft und Zucker abschmecken.

**Joghurtcreme.** Den Joghurt mit der Crème fraîche verrühren. Mit Salz und Limettensaft abschmecken.

**Dillöl.** Rapsöl mit Dill und Spinat zusammen pürieren. Das Öl danach in einem Topf kurz erhitzen, bis es Blasen wirft. 1 Minute bei kleinerer Hitze köcheln lassen, direkt durch ein Tuch passieren und auf Eis schnell wieder abkühlen.

**Gurke.** Die Gurke in feine Würfel schneiden. In weißem Balsamico, Zucker und Salz marinieren.

**Anrichten.** Den confierten Fisch auf vier tiefe Teller verteilen. Den Holunderblüten-Jus angießen. Die Joghurtcreme daraufsetzen. Die Gurkenwürfel mit dem Forellenkaviar vermischen und auf den Fisch löffeln. Das Dillöl in den Jus träufeln. Mit Dillspitzen dekorieren.

**Gurke**
½ Salatgurke
Weißer Balsamico zum Einlegen
Zucker
Salz

**Anrichten**
1 kleines Glas Forellenkaviar (100 g)
Dillspitzen

# Der Fisch von nebenan

Der Zuger Fischteich ist schon von der Straße aus zu sehen. Sein Wasser hat ein karibisches Türkis. In der Mitte steht auf einer winzigen Insel eine Fichte. Klares Gebirgswasser wurde aus dem Lech umgeleitet, sodass ein Becken mit kaltem Wasser und angemessener Strömung beim Auslauf entstand.

Der Betreiber des Fischteichs, Andreas Mittermayr, ist in engem Kontakt mit den Köchen der Roten Wand. Er liefert Forellen und Saiblinge, die er abfischt, direkt in die Küche, oder verarbeitet die Fische in seinem Räucherofen. Gebeizte Saiblinge werden bei 25 Grad kalt geräuchert, andere Fische werden im Rauch von Buchenholz bei 120 Grad heiß geräuchert.

Die Fische, die Andreas abfischt, haben in der Regel mehrere Jahre im Teich verbracht. Sie sind zwischen zwei und drei Kilo schwer, von einer außerordentlichen Qualität und natürlich so frisch, wie es nur möglich ist – ein Glücksfall für jede Küche. Sowohl in der Hotelküche als auch beim Rote Wand Chef's Table werden die Zuger Saiblinge und Forellen oft und gern verwendet und in den verschiedensten Varianten zubereitet.

# Rindsbrühe mit Fritatten, Grießnockerl oder Kaspressknödeln

Von allen klassischen Suppeneinlagen passen die Kaspressknödel am besten in die alpine Umgebung. Entscheidend ist die Wahl des richtigen Käses. Er braucht Kraft für den Geschmack – und er muss appetitliche Fäden ziehen.

**Fritatten.** Milch und Eier verschlagen. Dann das gesiebte Mehl mit dem Handrührgerät unterrühren, bis ein glatter Teig entsteht. Salz und frischen Schnittlauch darangeben. In einer heißen Pfanne etwas Öl verteilen und den Teig mit einer Schöpfkelle eingießen, die Pfanne dabei leicht schwenken, damit er gleichmäßig dünn verläuft. Die Fritatten von beiden Seiten goldgelb braten. Auskühlen lassen, zusammenrollen und in dünne Streifen schneiden.

**Grießnockerl.** Die Butter schaumig schlagen und abwechselnd etwas Grieß und etwas von dem verschlagenen Ei hinzufügen. Eine Prise Salz dazugeben. In einem Topf gesalzenes Wasser zum Kochen bringen. Mit 2 Espressolöffeln Nocken formen und ins kochende Wasser gleiten lassen. Die Temperatur reduzieren, den Deckel aufsetzen und die Grießnockerl ca. 20 Minuten ziehen lassen.

**Rindsbrühe**
1 l Rindsbrühe
*(siehe Grundrezepte, S. 387)*

**Fritatten**
*(Für 4 Portionen)*
500 ml Milch
5 Eier
190 g Mehl
1 Prise Salz
2 EL Schnittlauch, frisch geschnitten
1 EL Öl

**Grießnockerl**
*(Für 4 Portionen)*
50 g Butter
1 Ei, verquirlt
100 g Grieß
Salz

**Kaspressknödel**
*(Ergibt 12 Knödel)*
300 g Knödelbrot oder
10 altbackene Semmeln,
in Würfel geschnitten
1 Zwiebel, in kleine Würfel
geschnitten
2 EL Butter
350 ml Milch
3 Eier
2 EL Petersilie, gehackt
200 g würziger Bergkäse,
grob gerieben
Muskat
Salz
2 EL Butterschmalz

**Anrichten**
Blanchierte Karotten- und
Selleriestäbchen

**Kaspressknödel.** Das Knödelbrot in eine große Schüssel füllen. Die Zwiebel in der Butter anschwitzen. Über das Knödelbrot geben. Die Milch aufkochen, mit Salz und Muskat abschmecken und über das Knödelbrot gießen. Alles kräftig miteinander verrühren, damit die Milch sich gleichmäßig verteilt und aufgesaugt wird. Etwas auskühlen lassen. Danach die Eier, die Petersilie und den Bergkäse an die Masse geben. Nochmals abschmecken. In Portionen von ca. 80 Gramm teilen und Laibchen daraus formen. Butterschmalz in eine Pfanne geben und die Knödel bei mittlerer Hitze darin von beiden Seiten goldgelb braten.

**Anrichten.** Die gewählte Einlage in einen Suppenteller legen und die Rindsbrühe angießen. Blanchierte Karotten- und Selleriestäbchen daraufstreuen.

# Tomatenessenz mit Topfen-Basilikum-Nocken

Grundlage für diese erfrischende Suppe sind Tomaten aus der Dose, deren Reife und Geschmack wir sehr mögen. Zum Klären der Suppe wird Eiweiß eingearbeitet. Die Essenz soll am Ende klar und durchsichtig sein.

*(Ergibt 4 Portionen)*

**Tomatenessenz**
1 kg Tomaten aus der Dose, in Würfeln
600 ml Gemüsefond
*(siehe Grundrezepte, S. 388)*
2 Stängel Basilikum
2 Zweige Thymian
2 Zweige Rosmarin
2 Knoblauchzehen
10 Eiweiß
40 ml Tomatenessig
Zucker
Salz + Pfeffer

**Topfen-Basilikum-Nocken**
150 g Topfen
15 g Butter, flüssig
1 Ei
30 g Semmelbrösel
15 g Mehl
10 Basilikumblätter, in feine Streifen geschnitten
1 TL Bio-Zitronenzesten
Salz + Pfeffer

**Tomatenessenz.** Die Tomaten mit dem Gemüsefond, den Kräutern und dem Knoblauch in einem Topf kalt aufsetzen. Zum Klären der Suppe das Eiweiß mit einem Schneebesen gut einrühren. Alles bei niedriger Hitze langsam erhitzen und dabei immer wieder vorsichtig rühren, damit das Eiweiß sich nicht am Topfboden absetzen und anbrennen kann. Das Eiweiß bindet die Trübstoffe in der Brühe und setzt sich damit an der Oberfläche ab. Sobald die Suppe kocht, vorsichtig durch ein Tuch passieren. Die klare Suppe mit Tomatenessig, Zucker, Salz und Pfeffer abschmecken.

**Topfen-Basilikum-Nocken.** Topfen, Butter, Ei, Semmelbrösel und Mehl in eine Schüssel geben und glatt rühren. Die Basilikumblätter unter die Masse ziehen und mit Zitronenzesten, Salz und Pfeffer abschmecken. Eine Stunde lang kalt stellen. Mit Esslöffeln Nocken formen, diese in leicht gesalzenes kochendes Wasser geben, kurz aufwallen lassen, danach in leicht siedendem Wasser ca. 10 Minuten ziehen lassen.

**Anrichten.** Tomatenessenz in Suppenteller oder -schalen gießen, jeweils eine Nocke hineinsetzen.

# Hühner-Consommé mit Pilzroulade

Wir stellen die Consommé aus den Resten der Flötzerhühner her, die wir vollständig verarbeiten. Für das Klären der Suppe verwenden wir Eiweiß und fasciertes Hühnerfleisch. Die Roulade aus Fritattenteig mit einer Huhn-Pilz-Farce ist nicht ganz unaufwendig, aber sie macht etwas her und schmeckt köstlich.

**Hühner-Consommé.** Die Hühnerkarkassen im Ofen bei 170°C 25 Minuten rösten. Die Gemüsewürfel 5 bis 10 Minuten in dem Öl in einem Topf kräftig anbraten. Das Tomatenmark hinzufügen und kurz mit anrösten. Anschließend mit dem Weißwein ablöschen. Die gerösteten Hühnerkarkassen einlegen und mit dem Wasser auffüllen. Nun Piment- und Pfefferkörner und das Lorbeerblatt hinzugeben. Die Suppe etwa 4 Stunden lang köcheln lassen. Anschließend durch ein feines Sieb passieren und kalt stellen. In der Zwischenzeit das Hühnerfleisch faschieren, dann mit dem Eiweiß vermischen und mit dem Schneebesen gut in die vollständig abgekühlte Suppe einrühren. Jetzt die Suppe unter ständigem vorsichtigem Rühren bei niedriger Hitze zum Kochen bringen. Das Eiweiß bindet die Trübstoffe in der Brühe und setzt sich damit an der Oberfläche ab. Anschließend die Suppe vorsichtig durch ein Tuch passieren und mit Salz abschmecken.

*(Ergibt 4 Portionen)*

**Hühner-Consommé**
700 g Hühnerkarkassen
¼ Sellerieknolle, in Würfel geschnitten
½ Selleriestange, in Würfel geschnitten
2 Karotten, in Würfel geschnitten
1 Zwiebel, in Würfel geschnitten
4 EL Pflanzenöl
2 TL Tomatenmark
80 ml Weißwein
2–2,5 l Wasser
1 TL Pimentkörner
1 TL schwarze Pfefferkörner
1 Lorbeerblatt

200 g Hühnerfleisch zum Faschieren
10 Eiweiß
Salz

**Pilzroulade**
½ Menge Fritattenteig
*(Rezept siehe S. 165)*
200 g Hühnerbrust
200 ml Schlagobers
Salz + Pfeffer
200 g gemischte Pilze, in feine Würfel geschnitten

**Anrichten**
Schnittlauch, frisch geschnitten

**Pilzroulade.** Aus dem Teig dünne Fritatten herausbacken und abkühlen lassen. Die Hühnerbrust in ca. 2 Zentimeter große Würfel schneiden und kurz im Tiefkühler anfrieren. Anschließend die Hühnerbrustwürfel mit dem Obers in einem Standmixer pürieren. Die Zutaten dürfen nicht zu warm werden, da sie sich sonst nicht miteinander verbinden. Die Hühnerfarce mit Salz und Pfeffer abschmecken und kalt stellen. Die Pilze in feine Würfel schneiden, in einer Pfanne anbraten und kurz kalt stellen. Danach die Pilze mit der Hühnerfarce vermischen und die fertige Masse gleichmäßig auf die Frittaten streichen. Zu Rouladen aufrollen und zuerst in Frischhaltefolie und dann in Alufolie wickeln. Die Rouladen in einem Topf mit Wasser unter dem Siedepunkt 25 Minuten garen. Anschließend kalt stellen und in Scheiben schneiden.

**Anrichten.** Die Pilzrouladen auf vier Suppenteller verteilen und die Hühner-Consommé darübergießen. Mit Schnittlauch garnieren.

# Sellerieschaumsuppe mit Ribiseln, Fichtenöl und Fichtenwipferl

Die zarten Fichtenwipferl suchen wir Köche traditionell in den ersten Tagen der Sommersaison. Die gesammelten Wipferl legen wir in einen Essigsud ein oder verarbeiten sie mit Öl.

**Sellerieschaumsuppe.** Den Sellerie und die Zwiebeln im Butterschmalz bei mittlerer Hitze anschwitzen und mit dem Weißwein ablöschen. Anschließend mit dem Gemüsefond aufgießen und den Sellerie darin weich kochen. Den Obers dazugeben und im Mixer (oder mit dem Zauberstab) fein pürieren. Die Suppe mit Zitronensaft, Salz und Pfeffer abschmecken.

**Fichtenöl.** Die Fichtenwipferl mit dem Spinat und dem Rapsöl in einen Mixer geben und fein pürieren. Kurz erhitzen, anschließend direkt durch ein Tuch passieren und auf Eis herunterkühlen.

**Anrichten.** Vor dem Servieren die Suppe mit dem Stabmixer aufmixen und die Butter einmontieren. Die aufgeschäumte Suppe in vier Schalen verteilen. Die Ribiseln und die eingelegten Fichtenwipferl daraufsetzen und mit etwas Fichtenöl beträufeln.

*(Ergibt 4 Portionen)*

**Sellerieschaumsuppe**
1 Sellerieknolle, in grobe Würfel geschnitten
2 Zwiebeln, in grobe Würfel geschnitten
1 EL Butterschmalz
80 ml Weißwein
500 ml Gemüsefond
*(siehe Grundrezepte, S. 388)*
500 ml Schlagobers
Saft von 1 Zitrone
Salz + Pfeffer

**Fichtenöl**
100 g Fichtenwipferl
50 g Spinat
200 ml Rapsöl

**Eingelegte Fichtenwipferl**
12 eingelegte Fichtenwipferl
*(siehe Grundrezepte S. 391)*

**Anrichten**
50 g Butter
1 kleine Tasse Ribiseln

# Erbsen-Minz-Schaumsuppe mit Crème-fraîche-Nocke

Erbsen und Minze sind eine klassische Kombination, die im Sommer für Frische und Kühle sorgt.

*(Ergibt 4 Portionen)*

**Erbsen-Minz-Schaumsuppe**
1 EL Butterschmalz
2 Zwiebeln, in Würfel geschnitten
300 g Erbsen
80 ml Weißwein
500 ml Gemüsefond
*(siehe Grundrezepte, S. 388)*
500 ml Schlagobers
8 Stängel Minze
Saft von 1 Limette
Salz + Pfeffer

**Crème-fraîche-Nocke**
100 g Crème fraîche
Salz + Pfeffer

**Erbsen-Minz-Schaumsuppe.** Das Butterschmalz in einem Topf zerlassen und die Zwiebeln darin anschwitzen. Erbsen hinzufügen und mit Weißwein ablöschen. Anschließend mit dem Gemüsefond aufgießen. 10 Minuten köcheln lassen, dann den Obers und die Minze dazugeben und die Suppe mit dem Stabmixer fein pürieren, anschließend durch ein feines Sieb passieren. Mit Limettensaft, Salz und Pfeffer abschmecken.

**Crème-fraîche-Nocke.** Die Crème fraîche glattrühren und mit Salz und Pfeffer abschmecken und mit 2 Esslöffeln Nocken formen.

**Anrichten.** Die Suppe mit dem Stabmixer aufschäumen und in vier Schalen verteilen. In jeden Suppenteller eine Crème-fraîche-Nocke setzen und servieren.

# Gebratener Karfiol mit Tomaten, Senf und Kapern

Das Blanchieren und Anbraten macht den Karfiol ganz besonders. Senf und Kapern sind das ideale Gegengewicht.

*(Ergibt 4 Portionen)*

300 g gemischter Blattsalat, gewaschen und gezupft
1 Karfiol
2 EL Öl
3 Tomaten
Salz + Pfeffer
1 Prise Zucker
2 EL Olivenöl
15 Kirschtomaten, halbiert
1 EL Kapern

**Joghurt-Senf-Dressing**
250 g Joghurt
25 g Pommery-Senf
1 EL Olivenöl
½ EL Honig
1 EL weißer Balsamico-Essig
½ Knoblauchzehe, gerieben
Salz + Pfeffer

Den Karfiol in Röschen zerteilen und in einem Topf mit Salzwasser gar kochen, auf Eis abschrecken und abtropfen lassen. In einer Pfanne mit Öl goldbraun anrösten. Mit Salz und Pfeffer würzen. Die Tomaten auf der Oberseite kreuzförmig leicht einritzen. In einem Topf mit kochendem Wasser 10 Sekunden blanchieren und auf Eis abschrecken, dann die Haut der Tomaten abziehen, die Tomaten vierteln und die Kerne herauslösen. Die Tomaten mit Olivenöl, Salz, Pfeffer und Zucker marinieren und auf einem mit Backpapier ausgelegten Blech verteilen. Im Ofen bei 100 °C Umluft 2 Stunden trocknen.

**Joghurt-Senf-Dressing.** Joghurt mit Senf, Olivenöl, Honig, Essig und Knoblauch verrühren. Mit Salz und Pfeffer abschmecken.

**Anrichten.** Den Blattsalat in eine Salatschüssel geben und mit einem Drittel des Dressings anmachen. In einer zweiten Schüssel den Karfiol, die getrockneten Tomaten und die Kirschtomaten vermischen und mit dem Rest des Dressings marinieren. Auf den Blattsalat geben und mit den Kapern garnieren.

# Rotkraut, Walnüsse und Ziegenkäse

Für diesen Salat legen wir das Rotkraut am Vorabend in eine Marinade aus Essig, Orangensaft, Öl, Salz und Zucker ein. Das verändert Geschmack und Konsistenz.

Rotkraut mit Olivenöl, Orangensaft, Essig, Zucker, Salz und Pfeffer marinieren und 5 Minuten kräftig mit den Händen durchkneten. 30 Minuten stehen lassen und nochmals durchkneten. Anschließend das Rotkraut abseihen, die Marinade auffangen und für das Dressing beiseitestellen. Walnüsse in einem kleinen Sack oder einem Geschirrtuch etwas zerklopfen. Die Ziegenkäserolle zerbröckeln.

**Rotkrautdressing.** Rotkrautsaft, Senf und Öl mit dem Zauberstab mixen, mit Salz und Pfeffer abschmecken.

**Anrichten.** Den Blattsalat in eine Salatschüssel geben und mit dem Dressing anmachen. Das Rotkraut auf den Blattsalat geben, die zerkleinerten Walnüsse und den zerbröckelten Ziegenkäse darauf verteilen.

*(Ergibt 4 Portionen)*

300 g gemischter Blattsalat, gewaschen und gezupft

1 kleiner Rotkrautkopf, in feine Streifen geschnitten
30 ml Olivenöl
50 ml Orangensaft
2 EL Weißweinessig
1 EL Zucker
1 Prise Salz
Pfeffer

80 g Walnüsse, geröstet
1 kleine Ziegenkäserolle

**Rotkrautdressing**
Rotkrautsaft
(von der Marinade)
1 TL Senf
1 EL Sonnenblumenöl
Salz + Pfeffer

# Spinatsalat mit Karotten, Hochalpkäse und Ribiseln

Der kräftige Käse und die Säure der Ribiseln ergänzen einander perfekt.

**Olivenöl-Balsamico-Dressing.** Olivenöl und Essig verschlagen und mit Salz und Pfeffer abschmecken.

**Anrichten.** Den Babyspinat mit den Karottenraspeln in einer Salatschüssel mischen und mit dem Dressing anmachen. Mit geriebenem Hochalpkäse und Ribiseln garnieren.

*(Ergibt 4 Portionen)*

500 g Babyspinat
3 Karotten, geraspelt
150 g Hochalpkäse, gerieben
4 Stängel Ribiseln, gezupft

**Olivenöl-Balsamico-Dressing**
120 ml Olivenöl
4 EL süßer weißer Balsamico-Essig
Salz + Pfeffer

# Vogerlsalat mit eingelegtem Kürbis, gerösteten Haselnüssen und Apfel

Wir legen den Kürbis süß ein und garen ihn im eigenen Sud. Als Kontrast verwenden wir die gerösteten Haselnüsse.

*(Ergibt 4 Portionen)*

500 g **Vogerlsalat**

½ **Butternusskürbis**, geschält
250 ml **Einlegesud**
*(siehe Grundrezepte, S. 391)*

30 g **Haselnüsse**, geschält
2 **grüne Äpfel**, in kleine Würfel geschnitten

**Olivenöl-Balsamico-Dressing**
*(Rezept siehe S. 185)*

Den Kürbis halbieren, entkernen und vierteln. In ca. halbzentimeterdicke Scheiben schneiden. Den Einlegesud aufkochen und den Kürbis bei geringer Hitze darin weich kochen. Die Haselnüsse auf einem mit Backpapier ausgelegten Blech verteilen und bei 170 °C Umluft 10 Minuten im Ofen rösten. Auskühlen lassen, in einen Gefrierbeutel geben und zerklopfen.

**Anrichten.** Den Vogerlsalat in eine Salatschüssel geben und mit dem Dressing marinieren. Den eingelegten Kürbis, die Haselnüsse und die Apfelwürfel darauf verteilen.

# Gurkensalat mit Dillblüten

Wichtig ist es, die Gurken rechtzeitig in Scheiben zu schneiden, zu salzen und Wasser ziehen zu lassen. Die Dillblüten geben ein feines Aroma – und sie sehen besonders schön aus.

Die Salatgurken schälen, in dünne Scheiben schneiden und mit 1 Esslöffel Salz vermengen. 30 Minuten stehen lassen, damit das Salz den Gurken das Wasser entziehen kann. Die Gurken auspressen und mit Knoblauch, Zitronensaft, Joghurt, Dill, Salz und Pfeffer abschmecken.

**Anrichten.** Den Blattsalat in eine Schüssel geben und mit Olivenöl, Essig, Salz und Pfeffer anmachen. Den Gurkensalat daraufgeben und mit den Dillblüten garnieren.

*(Ergibt 4 Portionen)*

300 g gemischter Blattsalat, gewaschen und gezupft

2 Salatgurken
1 EL Salz
1 Knoblauchzehe, gerieben
1 TL Zitronensaft
200 g cremiges Joghurt
3 EL Dill, gehackt
Salz + Pfeffer

3 EL Olivenöl
2 EL süßer weißer Balsamico-Essig
Salz + Pfeffer
2 TL Dillblüten

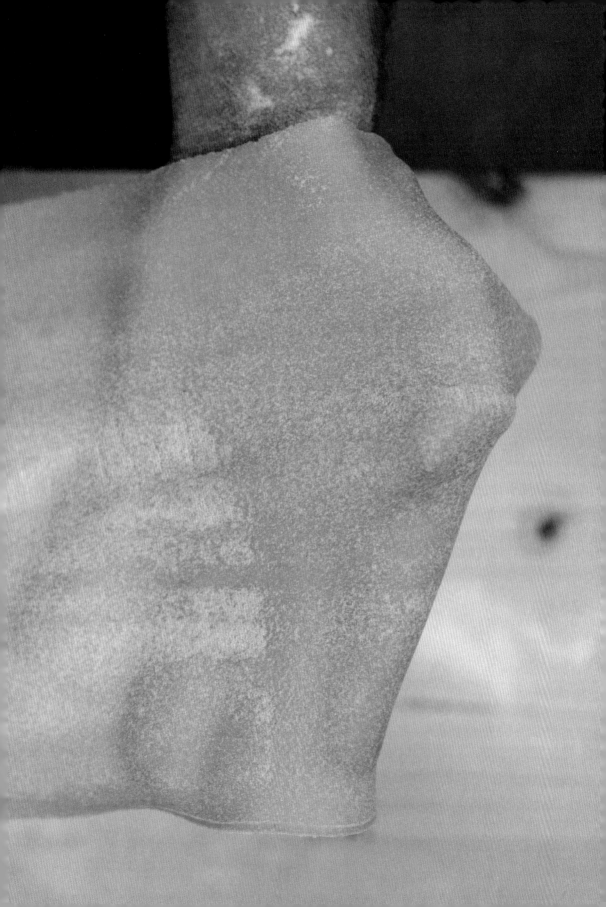

# Lachsforelle mit Mangold-Eierschwammerl-Ragout, Pappardelle und Buttersauce

Es gibt einen einfachen Trick, um den Fisch in der Pfanne zu garen und die Haut dabei knusprig werden zu lassen: Das Butterschmalz wird auf mittlere Hitze erwärmt, dann kommt der Fisch auf der Haut in die Pfanne und wird dort vorsichtig an den Pfannenboden angedrückt. Dann gart er für etwa vier Minuten. Es ist nicht nötig, den Fisch umzudrehen – und wenn, dann höchstens für ein paar Sekunden. So wird die Haut knusprig, und das Filet bleibt schön saftig.

**Lachsforelle.** Das Lachsforellenfilet von den Gräten befreien, in 8 Stücke schneiden und mit Salz und Pfeffer würzen. Die Filetstücke bei mittlerer Hitze vorsichtig auf der Hautseite in Butterschmalz braten, dabei leicht mit einer Palette andrücken, damit die Haut gleichmäßig brät – je nach Größe etwa 4 bis 5 Minuten. Kurz vor dem Anrichten die Butter dazugeben und die Pfanne leicht schwenken, die Filets in der zerlassenen Butter wenden.

**Mangold-Eierschwammerl-Ragout.** Die Eierschwammerl und die Schalotten in der Pfanne im Butterschmalz anbraten, dann die Mangoldstreifen hinzufügen und kurz mitbraten. Anschließend die Butter dazugeben und das Ragout darin schwenken.

**Pappardelle.** Den Nudelteig mit der Nudelmaschine dünn ausrollen. Die Ränder begradigen und den Teig in ca. 3 Zentimeter breite Pappardelle-Streifen schneiden. Vor dem Anrichten ca. 3 Minuten in Salzwasser kochen und ebenfalls in Butter schwenken.

*(Ergibt 4 Portionen)*

**Lachsforelle**
800 g Lachsforellenfilet
Salz + Pfeffer
1 EL Butterschmalz
1 EL Butter

**Mangold-Eierschwammerl-Ragout**
300 g Eierschwammerl, geputzt
2 Schalotten, in feine Würfel geschnitten
2 Bund Mangold, in ca. 1 cm breite Streifen geschnitten
1 EL Butterschmalz
1 EL Butter
Salz + Pfeffer

**Pappardelle**
300 g Nudelteig
*(siehe Grundrezepte, S. 389)*
1 EL Butter

**Buttersauce**
1 Schalotte, in Würfel geschnitten
1 EL Butter
200 ml Weißwein
50 ml Gemüsefond
*(siehe Grundrezepte, S. 388)*
200 g kalte Butter, in Würfel geschnitten
Saft von ½ Zitrone
Salz + Pfeffer
Zucker

**Buttersauce.** Die Schalotte mit einem 1 Esslöffel Butter anschwitzen, dann mit dem Weißwein ablöschen. Den Wein aufkochen, eine Minute köcheln lassen und anschließend mit dem Gemüsefond aufgießen. Nun die kalte Butter mit dem Stabmixer einmontieren und mit Zitronensaft, Zucker, Salz und Pfeffer abschmecken.

**Anrichten.** Die Papardelle mit dem Mangold-Eierschwammerl-Ragout auf vier Teller verteilen, die Lachsforelle darauf anrichten. Die Buttersauce darüberträufeln.

# Zander mit Graupen-Wirsing-Risotto, Speckschaum und Wirsingchips

Das ist natürlich kein echtes Risotto, aber wir bereiten die heimischen Graupen so zu wie einen Risotto. Für die Wirsingchips zupfen wir die geeigneten Blätter, besprayen sie mit Olivenöl und backen sie im Ofen, damit sie ihre schöne Farbe behalten.

**Zander.** Das Zanderfilet von den Gräten befreien, in 8 Stücke schneiden und mit Salz und Pfeffer würzen. Die Filetstücke bei mittlerer Hitze vorsichtig auf der Hautseite in Butterschmalz braten, dabei leicht mit einer Palette andrücken, damit die Haut gleichmäßig brät – je nach Größe etwa 4 bis 5 Minuten. Kurz vor dem Anrichten die Butter dazugeben und die Pfanne leicht schwenken, die Filets in der zerlassenen Butter wenden.

**Wirsingchips.** Die Wirsingblätter vom Kopf abzupfen und den Strunk herausschneiden. Einen Teil der äußeren Blätter in ca. 4 Zentimeter große Stücke zerteilen. Die Wirsingstücke mit Olivenöl einsprühen, auf einem Blech auslegen und 30 Minuten bei 130°C Umluft im Backofen backen. Aus dem Ofen nehmen und leicht mit Salz würzen. Die restlichen Wirsingblätter blanchieren, in feine Streifen schneiden und für das Risotto beiseitestellen.

*(Ergibt 4 Portionen)*

**Zander**
800 g Zanderfilet
1 EL Butterschmalz
1 EL Butter
Salz + Pfeffer

**Wirsingchips**
1 kleiner Wirsingkopf
Olivenöl zum Einsprühen
Salz

**Graupen-Wirsing-Risotto**
1 kleine Zwiebel, in feine Würfel geschnitten
60 g Speck, in feine Würfel geschnitten
1 EL Butterschmalz
200 g Graupen (Rollgerste)
60 ml Weißwein
600 ml Gemüsefond
*(siehe Grundrezepte, S. 388)*
Salz + Pfeffer
150 g Bergkäse, gerieben
50 g Butter
Fein geschnittene Wirsingstreifen

**Speckschaum**
½ Zwiebel, in Würfel geschnitten
80 g Speck, in Würfel geschnitten
1 EL Butterschmalz
40 ml Weißwein
80 ml Gemüsefond
*(siehe Grundrezepte, S. 388)*
100 ml Schlagobers
100 ml Milch
50 g Butter
Salz + Pfeffer

**Graupen-Wirsing-Risotto.** Zwiebel- und Speckwürfel im Butterschmalz anbraten, die Graupen dazugeben und kurz mit anschwitzen, anschließend mit dem Weißwein ablöschen. Den Gemüsefond angießen und leicht mit Salz und Pfeffer würzen. Die Graupen unter häufigem Rühren etwa 25 Minuten köcheln lassen. Vor dem Anrichten den Bergkäse, die Butter und die Wirsingstücke unterheben. Nochmals mit Salz und Pfeffer abschmecken.

**Speckschaum.** Die Zwiebeln und den Speck im Butterschmalz anschwitzen und anschließend mit Weißwein ablöschen. Den Gemüsefond, Milch und Obers dazugeben und 10 Minuten ziehen lassen. Alles durch ein Spitzsieb passieren und mit Salz und Pfeffer abschmecken. Vor dem Anrichten die Butter einmontieren und mit dem Stabmixer aufschäumen.

**Anrichten.** Das Graupen-Wirsing-Risotto auf vier Teller verteilen und jeweils eine Portion gebratenen Zander daraufsetzen. Den Speckschaum darüberlöffeln und mit den Wirsingchips garnieren.

# Schlutzkrapfen mit Spinat und Bergkäse

Der Teig für diesen Alpenklassiker besteht aus Roggenmehl, Weizenmehl und Milch. Der Teig ist beim Ausrollen sehr weich. Wir verwenden dafür keine Nudelmaschine, sondern rollen ihn mit dem Nudelholz aus.

**Schlutzkrapfenteig.** Alle Zutaten miteinander verkneten. Den Teig eng in Folie schlagen und für mehrere Stunden in den Kühlschrank stellen.

**Schlutzkrapfenfüllung.** Die Schalotte und den Knoblauch in der Butter anschwitzen, den Spinat dazugeben und alles kurz ziehen lassen, bis der Spinat zusammengefallen ist. Anschließend Topfen und Bergkäse hinzufügen. Die Masse mit Zitronenzesten, Salz und Pfeffer abschmecken.

**Schlutzkrapfen.** Den Schlutzkrapfenteig mit dem Nudelholz dünn ausrollen und mit einem Ring (ca. 8 Zentimeter Durchmesser) ausstechen. Die Füllung in die Mitte der Teigkreise setzen, die Ränder mit etwas Wasser bestreichen, aufeinanderklappen und mit einer Gabel an den Rändern gut andrücken. Die Schlutzkrapfen in kochendes Salzwasser einlegen und darin sieden lassen, bis sie an die Oberfläche steigen. Anschließend in der flüssigen Butter schwenken.

**Spinat.** Die Schalotte und den Knoblauch in der Butter anschwitzen, anschließend den Spinat dazugeben und kurz mit anschwitzen, mit Salz und Pfeffer würzen.

**Anrichten.** Die Butter zu Nussbutter schmelzen. Den Spinat auf vier Teller verteilen. Jeweils eine Portion Schlutzkrapfen daraufsetzen, Bergkäse darüberreiben und mit Nussbutter übergießen. Mit Schnittlauch garnieren.

*(Ergibt 4 Portionen)*

**Schlutzkrapfenteig**
100 ml Milch
30 g Butter
220 g Roggenmehl
140 g Mehl, griffig
2 Eier

**Schlutzkrapfenfüllung**
1 Schalotte, fein gehackt
1 Knoblauchzehe, in feine Würfel geschnitten
1 EL Butter
100 g junger Spinat
150 g Topfen
50 g Bergkäse, gerieben
1 TL Bio-Zitronenzesten
Salz + Pfeffer

**Schlutzkrapfen**
2 EL Butter

**Spinat**
1 Schalotte, fein gehackt
1 Knoblauchzehe, fein gehackt
30 g Butter
200 g junger Spinat
Salz + Pfeffer

**Anrichten**
80 g Butter für Nussbutter
100 g Bergkäse
1 Bund Schnittlauch

Celina Greiter, Chef de Partie
in der Hotelküche der Roten Wand

# Riebelschnitte mit glasierten Salatherzen und Bergkäse

Riebel ist eine alte Maissorte, die in Vorarlberg gern angebaut wird. Die Maiskörner werden mit der Schale verarbeitet, das Ergebnis ist also etwas gröber als Polenta. Riebel ist ein klassisches Bauernessen, das wir etwas verfeinert haben.

*(Ergibt 4 Portionen)*

**Riebelschnitte**
90 g Riebel
400 ml Gemüsefond
*(siehe Grundrezepte, S. 388)*
70 g Bergkäse, gerieben
30 g Crème fraîche
Salz + Pfeffer
Muskatnuss
2 Eier
1 EL Butter

**Glasierte Salatherzen**
4 Salatherzen, in Viertel geschnitten
1 EL Butter
Zucker
Weißer Balsamico-Essig
Salz + Pfeffer

**Anrichten**
80 g Butter
100 g Bergkäse
1 Bund Schnittlauch, frisch geschnitten

**Riebelschnitte.** Den Backofen auf 150 °C Umluft vorheizen. Den Riebel im Gemüsefond ca. 20 Minuten leicht köcheln. Danach die Masse etwas auskühlen lassen. Den Bergkäse und die Crème fraîche dazugeben, mit Salz, Pfeffer und Muskatnuss abschmecken. Zum Schluss die Eier einrühren. Die fertige Masse auf ein mit Backpapier ausgelegtes Blech oder in eine gut gefettete Auflaufform geben und mit Backpapier und Alufolie abgedeckt ca. 45 Minuten im Ofen garen. Herausnehmen und auskühlen lassen, danach in Stücke der gewünschten Größe schneiden. Die Riebelschnitten vor dem Servieren in etwas Butter anbraten.

**Glasierte Salatherzen.** Die Salatherzen in einer Pfanne mit der Butter und etwas Zucker karamellisieren. Anschließend mit einem kleinen Spritzer weißem Balsamico ablöschen. Mit Salz und Pfeffer würzen.

**Anrichten.** Die Butter zu Nussbutter schmelzen. Die Salatherzen auf vier Tellern anrichten, Riebelschnitten daraufsetzen. Den Bergkäse darüberreiben und mit der Nussbutter übergießen. Mit Schnittlauch bestreuen.

# Hirschrücken mit Kartoffelbaumkuchen, Steinpilzen und gebratener Marille

Das Besondere an diesem Rezept ist der Kartoffelbaumkuchen. Dafür streichen wir den Kartoffelteig dünn auf ein Blech auf und backen ihn bei reiner Oberhitze, bis er Farbe hat. Dann wird die nächste Schicht aufgetragen, die wiederum gebacken wird. Das wiederholen wir, bis der gesamte Teig verbraucht ist. Das Ergebnis ist eine spektakulär aussehende Beilage.

**Hirschrücken.** Den Hirschrücken von allen Sehnen und Häutchen befreien. Das Fleisch mit Salz und Pfeffer würzen und in einer Pfanne mit dem Butterschmalz scharf anbraten. Anschließend im Backrohr bei 120 °C Umluft (140 °C Ober-/Unterhitze) garen, die Kerntemperatur des Fleischs sollte 56 Grad betragen.

**Hirschjus.** Jus nach Grundrezept zubereiten, jedoch zum Ansatz die Wildgewürze dazugeben. Der Hirschjus kann zusätzlich mit Preiselbeeren verfeinert werden.

**Kartoffelbaumkuchen.** Backofen auf 220 °C Oberhitze vorheizen. Die Kartoffeln in gesalzenem Wasser weich kochen, abgießen und ausdämpfen lassen. Die Eier trennen, das Eigelb mit der weichen Butter schaumig schlagen. Mehl hinzufügen und unterrühren. Mit Muskat, Salz und Pfeffer abschmecken. Die lauwarmen Kartoffeln durchpressen und mit der Eigelbmasse vermischen. Das Eiweiß zu Schnee schlagen und unterziehen. Die Kartoffelmasse dünn auf ein mit Backpapier ausgelegtes Blech streichen und bei leicht geöffneter Ofentür (Kochlöffel einklemmen) backen, bis eine Bräunung sichtbar ist. Dann die nächste Schicht dünn auftragen und ebenfalls backen. Diesen Vorgang wie-

*(Ergibt 4 Portionen)*

**Hirschrücken**
800 g Hirschrücken
Salz + Pfeffer
2 EL Butterschmalz

**Hirschjus**
½ l Hirschjus
*(siehe Grundrezepte, S. 387)*
4 Gewürznelken
5 Pimentkörner
10 Wacholderbeeren
3 Lorbeerblätter

**Kartoffelbaumkuchen**
500 g mehlige Kartoffeln, geschält und geviertelt
4 Eier
1 EL Mehl
50 g Butter
Muskatnuss
Salz + Pfeffer

derholen, bis die Masse aufgebraucht ist. Den Kartoffelbaumkuchen abkühlen lassen und in Dreiecke schneiden. Vor dem Anrichten die Baumkuchenstücke mit Alufolie abgedeckt im Ofen bei ca. 140 °C Ober-/Unterhitze 5 Minuten erwärmen.

**Gebratene Steinpilze.** Die Hälfte der Steinpilze in ca. halbzentimetergroße Würfel schneiden und mit den Schalottenwürfeln in 1 Esslöffel Butterschmalz anbraten. Mit Thymian, Salz und Pfeffer abschmecken. Die andere Hälfte der Steinpilze in größere Stücke schneiden, im restlichen Butterschmalz anbraten und ebenfalls mit Salz und Pfeffer würzen.

**Gebratene Marillen.** Die Marillen vierteln und in einer Pfanne mit Butter und Zucker karamellisieren.

**Anrichten.** Den Hirschrücken aufschneiden und auf vier Teller verteilen. Die Kartoffelbaumkuchenecken, die Steinpilze und die Marillen daneben setzen. Mit dem Hirschjus umgießen.

**Gebratene Steinpilze**
400 g Steinpilze, geputzt
1 Schalotte, in feine Würfel geschnitten
2 EL Butterschmalz
10 Zweige Thymian
Salz + Pfeffer

**Gebratene Marillen**
4 Marillen
1 EL Butter
Zucker

# Heidelbeerdatschi mit Vanilleeis

Eine wunderschöne Süßspeise, die wir auf besonderen
Wunsch unserer Chefin in unser Repertoire genommen haben.
Natascha Walch kennt die Heidelbeerdatschi aus der Küche ihrer Mutter.
Weil es im Sommer bei uns so viele Heidelbeeren gibt, machen wir
seither diese tiefblauen Datschi daraus. Eine Kugel Vanilleeis
ist die optimale Verfeinerung.

*(Ergibt 4 Portionen)*

**Heidelbeerdatschi**
500 g Heidelbeeren
250 g Mehl
2 Eier
50 g Zucker
1 Prise Salz
Ca. 250 ml Milch
2 EL Butter

**Vanilleeis**
4 Eigelb
100 g Zucker
300 ml Milch
250 ml Schlagobers
2 Vanilleschoten

**Heidelbeerdatschi mit Vanilleeis.** Die Heidelbeeren waschen und abtrocknen. Das Mehl mit Eiern, Zucker und Salz verrühren. Dann die Heidelbeeren hinzufügen und weiterrühren, damit die Heidelbeeren aufbrechen. So viel Milch angießen, dass ein zähflüssiger Teig entsteht. Den Teig mit einem Esslöffel in die Pfanne geben und die Küchlein in Butter herausbacken.

**Vanilleeis.** Die Eigelb mit dem Zucker schaumig schlagen. Milch und Schlagobers erhitzen. Die Vanilleschoten auskratzen und das Mark in die Obers-Milch-Mischung einrühren. Auch die ausgekratzten Schoten hineingeben und 10 Minuten in der warmen Milch ziehen lassen, dann wieder herausnehmen. Die heiße Obers-Milch mit der aufgeschlagenen Eigelbmasse verrühren. Alles noch einmal in den Topf zurück geben und zur Rose abziehen (also langsam unter Rühren erhitzen, bis die Masse durch das Eigelb andickt). Danach die Masse abkühlen und in einer Eismaschine gefrieren lassen.

**Anrichten.** Heidelbeerdatschi auf vier Teller verteilen und jeweils eine Kugel Vanilleeis in die Mitte setzen.

# Sig-Crème-Brûlée

Crème Brûlée gehört zu den Desserts, die man nicht verbessern, sondern höchstens variieren kann. Wir tun das, indem wir der Ei-Obers-Masse etwas Sig beigeben. Der säuerlich-salzige Ton dieses typisch Bregenzerwälder Molkeprodukts gibt der Crème Brûlée einen speziell alpinen Ton.

**Sig-Crème-Brûlée.** Den Backofen auf 120 °C Umluft (140 °C Ober-/Unterhitze) vorheizen. Den Sig in einem Topf mit der Milch kochen und auflösen, Obers und Zucker hineingeben und die Flüssigkeit einmal aufkochen lassen. Den Topf vom Herd ziehen und die Eigelbe mit einem Schneebesen einrühren. Die Masse etwas abkühlen lassen und dann in ofenfeste Schalen füllen. Die Schalen in ein hohes Blech oder eine hohe Auflaufform stellen. Blech oder Form mit heißem Wasser füllen, bis die Schalen zu zwei Dritteln ihrer Höhe im Wasser stehen. In den Backofen schieben und ca. 40 Minuten backen, bis die Crème Brûlée anfängt, fest zu werden. Herausnehmen und abkühlen lassen.

**Anrichten.** Die Sig-Crème-Brûlée vor dem Servieren mit braunem Zucker bestreuen und gleichmäßig mit dem Bunsenbrenner abflämmen, sodass eine dünne, knusprige Karamellschicht entsteht.

*(Ergibt 10 bis 12 Portionen)*

**Sig-Crème-Brûlée**
200 g Sig (Bregenzerwälder „Schokolade")
250 ml Milch
750 ml Schlagobers
120 g Zucker
12 Eigelb
Brauner Zucker zum Bestreuen

# Walnusstarte mit Zimteis

Nicht weit von uns, über der Schweizer Grenze in Graubünden, ist die Walnusstorte ein Nationalgericht. Wir haben mit der Kombination von Nüssen und Karamell unsere eigene Variante davon entwickelt.

**Mürbteig.** Mürbteigboden nach Rezept in der Tarteform vorbacken.

**Füllung.** Den Zucker mit Zitronensaft und Wasser aufkochen und zu einem hellen Karamellsirup köcheln lassen. Die Masse etwas abkühlen lassen, dann Sauerrahm und Crème fraîche hinzufügen. Butter und Gelatine dazugeben und alles gut durchrühren. Die Walnüsse auf der Tarte verteilen und mit der Flüssigkeit übergießen. Im Kühlschrank fest werden lassen.

**Zimteis.** Das Eigelb mit dem Zucker schaumig schlagen. Milch und Obers erhitzen. Die halbe Vanilleschote auskratzen und das Mark in die Milch einrühren. Auch die ausgekratzte halbe Schote hineingeben und 10 Minuten in der Obers-Milch ziehen lassen. Dann die Vanilleschote herausnehmen und den Zimt in die Obers-Milch geben. Die heiße Obers-Milch mit der aufgeschlagenen Eigelbmasse verrühren. Alles noch einmal in den Topf zurück geben und zur Rose abziehen (also langsam unter Rühren erhitzen, bis die Masse durch das Eigelb andickt). Danach abkühlen und in einer Eismaschine gefrieren lassen.

**Anrichten.** Die Walnusstarte in Stücke schneiden und auf Tellern anrichten, je eine Kugel Zimteis danebensetzen.

*(Ergibt eine Tarteform von 28 Zentimeter Durchmesser)*

**Mürbteig**
1 Menge Mürbteig
*(Rezept siehe S. 117)*

**Füllung**
250 g Zucker
½ TL Zitronensaft
150 ml Wasser
30 g Sauerrahm
30 g Crème fraîche
125 g Butter, weich
1 Blatt Gelatine, eingeweicht
250 g Walnüsse

**Zimteis**
4 Eigelb
100 g Zucker
250 ml Schlagobers
300 ml Milch
½ Vanilleschote
1 EL Ceylon-Zimt

# Apfelküchle mit Vanillesauce

Ein ganz einfaches Gericht, das man nicht verbessern kann.
Es weckt Kindheitserinnerungen – und wir können
nie genug davon machen.

*(Ergibt 4 Portionen)*

**Backteig**
110 g griffiges Mehl
125 ml Milch
1 Eigelb
15 ml Rum
2 Eiweiß
25 g Zucker
Salz

**Apfelküchle**
2 Äpfel, säuerlich
Mehl
Fett zum Ausbacken
Zimtzucker

**Vanillesauce**
*(Rezept siehe S. 95)*

**Anrichten**
Zimtzucker

**Backteig.** Das Mehl mit der Milch glatt rühren. Eigelb und Rum hineingeben, verrühren und ruhen lassen. Das Eiweiß mit Zucker und Salz aufschlagen und unter die Masse heben.

**Apfelküchle.** Die Äpfel schälen, das Kerngehäuse ausstechen und in 1 Zentimeter dicke Scheiben schneiden. Die Apfelscheiben in Mehl wenden, durch den Backteig ziehen und in heißem Fett schwimmend beidseitig goldbraun ausbacken. Auf einem Küchenpapier kurz abtropfen lassen.

**Anrichten.** Apfelküchle in Zimtzucker wälzen und auf vier Teller verteilen, mit Vanillesauce übergießen.

# Holunderblütenparfait mit marinierten Himbeeren

Holunderblüten haben ein feines, spezielles Aroma, das mit den frischen Himbeeren wunderbar harmoniert. Das Beste daran: Man kann sie überall pflücken, sie blühen im Frühjahr an jeder Ecke.

*(Ergibt 6 Portionen)*

**Holunderblütenparfait**
1 Ei
1 Eigelb
100 ml Holunderblütensirup
*(siehe Grundrezepte, S. 391)*
250 ml Schlagobers

**Marinierte Himbeeren**
250 g Himbeeren
1 EL Cointreau
1 TL Zucker

**Holunderblütenparfait.** Das Ei mit dem Eigelb und dem Holunderblütensirup mit dem Zauberstab aufschäumen. Den Obers steif schlagen und unterheben. Die Masse auf kleine Silikonformen verteilen und einige Stunden gefrieren lassen.

**Marinierte Himbeeren.** Die Himbeeren mit dem Cointreau und dem Zucker vermengen.

**Anrichten.** Das Holunderblütenparfait aus den Formen lösen, auf sechs Tellern anrichten. Die marinierten Himbeeren danebensetzen.

# Bester Käse und unser begehrtestes Rezept

Käse ist überall in den Bergen ein Thema, und ganz besonders in Vorarlberg. Nirgendwo sonst in Österreich wird so viel Wert auf die sorgfältige Herstellung von Bergkäse gelegt. Es versteht sich von selbst, dass es in der Roten Wand eine besonders gute Auswahl an Käse gibt – aus Vorarlberg, aber auch aus den befreundeten Nachbarländern.

Das Apfelbrot ist eindeutig dazu bestimmt, gemeinsam mit dem Käsegang genossen zu werden. Es enthält Nüsse, Rosinen und Äpfel und ist sehr kompakt. Der Trick besteht darin, das Brot nach dem Backen in Nussbutter zu tauchen und den Geschmack der braunen Butter einziehen zu lassen. Nach keinem Rezept wird in der Roten Wand so oft gefragt wie nach diesem.

# Apfelbrot

Zwei Dinge machen dieses Brot so besonders:
der Geschmack von brauner Butter und die Saftigkeit
von den verarbeiteten Äpfeln.

**Apfelbrot.** Den Backofen auf 170 °C Umluft (190 °C Ober-/Unterhitze) vorheizen. Die Äpfel entkernen und grob reiben. Die geriebenen Äpfel mit den Händen ausdrücken. Alle Zutaten in eine Schüssel geben, vermischen und kneten, bis ein Teig entstanden ist. Eine Kastenform mit Backpapier auslegen und die Masse darin verteilen. In den Backofen stellen und 40 bis 50 Minuten backen. Währenddessen die Butter in einen kleinen Topf geben und braun werden lassen. Das Apfelbrot noch warm in die Butter geben und mithilfe eines Löffels einige Male mit der Butter übergießen. Aus der Butter nehmen und auskühlen lassen.

*(Für eine Kastenform von 25 Zentimeter Länge)*

**Apfelbrot**
4 Äpfel (Elstar oder Gala)
100 g getrocknete Zwetschken, grob gehackt
60 g Walnüsse, grob gehackt
200 g Mehl
100 g Zucker
100 g Rosinen
7 g Backpulver
2 g Ceylon-Zimt
2 g Vanillezucker
1 g Salz
100 g Butter zum Tränken

# Die Cocktails

**Cocktails können viel. Sie machen Stimmung. Das Geräusch des arbeitenden Bartenders ist rhythmisch und vielversprechend. Wenn er seine Getränke im Shaker schüttelt, arbeitet er wie der Perkussionist einer Tanzcombo.**

**Die bunten Farben der Drinks gehören zum gedämpften Licht der Bar. Nach einem letzten Glas kann man sich getrost ins Bett begeben, um dem nächsten Frühstück entgegenzuträumen. Die Bartender der Roten Wand haben einige Signature Cocktails entwickelt. Hier sind ihre Rezepte.**

Rote-Wand-Spritz

# Rote-Wand-Spritz

*(Ergibt 1 Portion)*

**Rote-Wand-Spritz**
3 cl Pontica Red Vermouth
0,5 cl Holunderblütensirup
*(siehe Grundrezepte, S. 391)*
10 cl Zitronenlimonade

**Rote-Wand-Spritz.** Ein Weinglas mit Eiswürfeln anfüllen und Pontica und Holunderblütensirup hineingeben. Mit Zitronenlimonade aufgießen und mit einer Orangenzeste und einem kurz abgeflämmten Rosmarinzweig garnieren.

# Ginger Raspberry

*(Ergibt 1 Portion)*

**Ginger Raspberry**
2–3 Scheiben Ingwer
1–2 Löffel Himbeerpüree
4 cl Ketel One Vodka
1 cl Läuterzucker
*(Rezept siehe S. 248)*
1 cl Limettensaft
10 cl Fever Tree Ginger Beer

**Ginger Raspberry.** Einen Mule-Becher mit Eiswürfeln kühlen. Ingwerscheiben mit Himbeerpüree im Shaker zerstoßen und dann Wodka, Läuterzucker und Limettensaft hinzufügen. Mit etwas Eis shaken und dann in den Becher absieben. Mit Ginger Beer auffüllen und mit einer Himbeere und einer Scheibe Ingwer garnieren.

# Resurrection

**Resurrection.** Ein Old-Fashioned-Glas mit Eiswürfeln kühlen. Alle Zutaten mit ausreichend Eis in den Cocktail-Shaker geben und schütteln. Das Glas mit frischen Eiswürfeln bestücken und den Cocktail durch ein Sieb abgießen.

**Ingwersirup.** Den Ingwer im Wasser aufkochen und ca. 10 Minuten einkochen, danach abseihen und abwiegen. Es sollten 400 Gramm Flüssigkeit entstanden sein. Falls nötig Wasser hinzufügen. Das Ingwerwasser nun mit dem Zucker aufkochen und abkühlen lassen. Kühl stellen. (Der Ingwersirup hält sich im Kühlschrank mindestens 2 Wochen.)

**Earl-Grey-Rum.** Teebeutel mit dem Rum übergießen und 48 Stunden ziehen lassen.

*(Ergibt 1 Portion)*

**Resurrection**
2 cl frischer Limettensaft
2 cl Ingwersirup
*(siehe unten)*
4 cl Earl-Grey-Rum
*(siehe unten)*

**Ingwersirup**
*(Ergibt ca. 0,5 Liter)*
200 g Ingwer, geschält und in Scheiben geschnitten
450 g Wasser
300 g Zucker

**Earl-Grey-Rum**
1 Flasche 3-jähriger Havanna Rum
3 Beutel Earl-Grey-Tee

# Espresso Martini

**Espresso Martini.** Ein Martiniglas mit Crushed Ice füllen, um es zu kühlen. Den Espresso im Shaker mit Eis kalt shaken und abgießen. Wodka und Karamellsirup dazugeben und nochmals mit Eis schütteln. Durch ein Sieb ins Glas gießen. Mit einer Kaffeebohne dekorieren.

*(Ergibt 1 Portion)*

**Espresso Martini**
1 Espresso
4 cl Ketel One Vodka
2 cl Monin Karamellsirup

Die Cocktails

Basil Smash

# Excelsior

**Excelsior.** Ein Burgunderglas mit Eiswürfeln füllen. Gurken-Holunder-Sirup, Zitronensaft und Gin vermischen und über das Eis gießen. Mit dem Ginger Beer auffüllen und mit einer Gurkenrolle garnieren.

**Gurken-Holunder-Sirup.** Beide Sirupe miteinander verrühren und kühl stellen.

*(Ergibt 1 Portion)*

**Excelsior**
1,5–2 cl Gurken-Holunder-Sirup *(siehe unten)*
3 cl Zitronensaft
4 cl Blue Gin
10 cl Fever Tree Ginger Beer
Gurkenrolle

**Gurken-Holunder-Sirup**
500 ml Monin Gurkensirup
250 ml Holunderblütensirup *(siehe Grundrezepte, S. 391)*

# Basil Smash

**Basil Smash.** Einen Tumbler zum Kühlen mit Eis füllen. Das Basilikum in einen Shaker geben und gut andrücken. Die anderen Zutaten hinzufügen und mit Eis gut schütteln. Den Cocktail sorgfältig absieben (am besten double-strained) und mit einem Basilikumblatt und Limette garnieren.

*(Ergibt 1 Portion)*

**Basil Smash**
1 Handvoll Basilikum
1,5 cl Limettensaft
1,5 cl Zitronensaft
3 cl Apfelsaft
5 cl Tanqueray Gin
2 cl Läuterzucker
*(Rezept siehe S. 248)*

# Rhabarber-Dill-Spritzer

*(Ergibt 1 Portion)*

**Rhabarber-Dill-Spritzer**
6 cl Rhabarber-Dill-Sirup
*(siehe unten)*
3 cl Keckeis Gin
Soda

**Rhabarber-Dill-Sirup**
*(Ergibt ca. 1 Liter)*
1,1 kg Rhabarber
120 g Dill
1,2 l Wasser
400 g Zucker
4 EL Zitronensäure

**Rhabarber-Dill-Spritzer.** Einen Tumbler mit einem großen Eiswürfel vorbereiten. Den Rhabarber-Dill-Sirup und den Gin verrühren und darübergießen. Mit Soda auffüllen.

**Rhabarber-Dill-Sirup.** Alle Zutaten in einen großen Kochtopf geben und bei niedrigster Hitze ziehen lassen. Gelegentlich umrühren. Nach einer Stunde durch ein Spitzsieb abgießen und abkühlen lassen. Kühl stellen. (Der Rhabarber-Dill-Sirup hält sich im Kühlschrank mindestens 2 Wochen.)

# Mandarin Gimlet

*(Ergibt 1 Portion)*

**Mandarin Gimlet**
2 cl Rose's Lime Juice
1 cl Monin Maracujasirup
1,5 cl Limettensaft
4 cl Absolut Mandarin Vodka
1 Stück Orangenschale

**Mandarin Gimlet.** Ein Old-Fashioned-Glas mit Eiswürfeln füllen. Alle Zutaten hineingeben und gut umrühren. Den Rand des Glases mit der Orangenschale einreiben, die Schale anschließend mit ins Getränk geben.

Rhabarber-Dill-Spritzer

# Rote Wand Chef's Table

**Zweifellos gehört Max Natmessnigs „Rote Wand Chef's Table im Schualhus" zur Königsklasse der heimischen Gastronomie. Es ist der dezidierte Auftrag an die Chef's-Table-Equipe, ausgetretene Wege zu verlassen und kulinarische Pionierleistungen zu vollbringen. Die Basis dafür sind Lebensmittel, die im alpinen Zusammenhang kultiviert und gezüchtet, gesammelt und entwickelt werden. Die kreative Note bringt das Team ins Spiel – samt einer Vielzahl an Ideen und Zubereitungsmethoden, die auf der ganzen Welt eingesammelt wurden. Sie werden benützt, um im alten Schualhus aus dem 18. Jahrhundert Gerichte entstehen zu lassen, die ein Bild der kulinarischen Zukunft zeichnen – und mit jedem Gericht nicht weniger als eine kleine Sensation auslösen. Für dieses Buch hat das Chef's-Table-Team seine Gerichte so angepasst, dass sie auch ohne professionelle Küchenausstattung gelingen.**

Max Natmessnig, der Küchenchef des Rote Wand Chef's Table

# Die regionale Königsklasse

Von Max Natmessnig

**Es ist das größte Privileg für einen Küchenchef, an einem Ort wie dem Chef's Table arbeiten zu dürfen. Das Konzept des Restaurants ist hochspannend. Der Ort, in dem wir arbeiten – das alte Schualhus aus dem 18. Jahrhundert – bietet ein einmaliges Ambiente, wo sich Tradition und Zukunft auf eine Weise treffen, wie ich das auf der ganzen Welt noch nicht gesehen habe.**

Unsere Küchenphilosophie ist einfach erklärt: Wir bieten Fine Dining mit Bodenhaftung – Kopf über den Wolken, Füße auf dem Boden. Der Großteil der Lebensmittel, mit denen wir arbeiten, stammt aus der Region. Wenn wir in manchen Menüs einzelne Zutaten verwenden, die ein bisschen reisen mussten, dann ist das die Ausnahme von der Regel. Die aber wiederum zeigt, dass unsere regionalen Produkte kein Problem haben, in einer Menüabfolge gegen andere Weltklasseprodukte mühelos zu bestehen.

Worauf ich Wert lege, ist völlige Freiheit im Kopf. Ich habe lang in einigen der besten Küchen der Welt gearbeitet und dabei vieles gelernt: Zubereitungsmethoden. Kombinationen. Gewürze. Speiseabfolgen, die es für unsere Gäste interessant und möglich machen, in einem Menü möglichst viele Geschmäcker, Texturen und Sensationen zu erleben.

Wir haben unsere Rezepte für dieses Buch dann leicht angepasst, wenn sie sonst zu kompliziert gewesen wären. Die Substanz der Rezepte – ihr geschmacklicher Gehalt, der „Kick", wie wir es gerne nennen – ist aber unverändert geblieben, wir wollen Ihnen nur die Anschaffung einer Profiküche mit all ihren technischen Finessen ersparen.

Der Chef's Table im Schualhus ist ein einmaliges Konzept an einem dafür ideal geeigneten Ort. Die Rote Wand ist seit 60 Jahren berühmt für ihre gute Küche — da ist es nur logisch, dass wir im Schualhus versuchen, diesen Qualitätsbegriff mit einer Portion Kreativität und Pioniergeist noch ein bisschen auszuweiten.

**Max Natmessnig** stammt aus Seibersdorf. Er arbeitete im Wiener „Steirereck", bei Sergio Herman im „Old Sluis", bei Daniel Humm im „NOMAD" und schließlich bei César Ramírez am „Chef's Table at Brooklyn Fare". Bei diesen Küchenchefs, die man getrost als globale Elite bezeichnen kann, erwarb er sich sein außergewöhnliches Gefühl für Lebensmittel, Kombinationen und Zubereitungsmethoden.

# One for the Money

*(Für 4 Portionen)*

**One for the Money**
8 cl Cocchi Americano
4 cl St Germain
4 cl Zitronensaft
20–24 cl Prosecco
5–6 Tropfen Safran-
Kardamom-Tinktur
*(siehe unten)*

**Safran-Kardamom-Tinktur**
*(Ergibt 8 cl Tinktur)*
8 cl Gin oder Wodka
(Wodka ist geschmacks-
neutraler)
4 g Kardamomsamen
4 g Safran

**One for the Money.** Cocchi Americano, St. Germain und Zitronensaft miteinander verrühren. Eiswürfel in vier Gläser geben, jeweils 4 cl der Mischung darübergießen und mit 5 bis 6 cl Prosecco pro Glas aufgießen. In jedes Glas 5 bis 6 Tropfen der Safran-Kardamom-Tinktur träufeln und mit einem fein abgeschälten Streifen Grapefruitschale garnieren. Cheers!

**Safran-Kardamon-Tinktur.** Die Kardamomsamen anrösten und im Mörser zerstoßen. Mit dem Gin (oder Wodka) vermischen, den Safran hinzufügen und über Nacht ziehen lassen. Vor der Verwendung abseihen. Die Tinktur sollte von dunkel-oranger Farbe sein und intensiv nach Kardamom schmecken.

Das Team des Chef's Table

# Waffeln mit Hühnerleberparfait und eingelegtem Sanddorn

In Holland und Belgien haben Waffeln einen sehr hohen Stellenwert. Als ich bei Sergio Herman im Oud Sluis arbeitete, haben wir immer wieder Waffeln auf interessante Weise verwendet. Zum Beispiel mit Sardellen. Weil ich Hühnerleber sehr mag, haben wir für diesen Snack eine Creme von der Hühnerleber gemacht und mit einer knusprigen Waffel kombiniert.

**Waffeln.** Die Milch auf 30 °C erwärmen und die Hefe darin auflösen. Die Butter schmelzen und dazugeben. Eier trennen. Die Butter-Milch-Mischung mit Mehl, Salz und Eigelb verrühren. Das Eiweiß mit Zucker aufschlagen und vorsichtig unterheben. Kurz gehen lassen. Danach in einem Waffeleisen backen.

**Hühnerleberparfait.** Schalotte und Knoblauch kurz im Öl anschwitzen. Mit dem Portwein aufgießen und die Flüssigkeit anschließend auf ca. 40 Milliliter reduzieren. Die Hühnerleber putzen. In einen Standmixer geben, mit der Portweinreduktion und dem Schlagobers fein pürieren. Die Butter bei geringer Hitze schmelzen und lauwarm daruntermixen. Mit Pökelsalz, Salz und Zucker abschmecken. Zum Schluss noch das Ei kurz hineinmixen. Die Masse durch ein Spitzsieb drücken. Etwa einen Zentimeter hoch in ein mit Frischhaltefolie ausgelegtes Blech gießen und mit einer zweiten Folie bedecken. Bei 80 °C mit Dampf 18 Minuten im Ofen garen. (Alternativ ein mit Wasser gefülltes Blech in den Backofen stellen.) Über Nacht kalt stellen.

*(Ergibt 4 Portionen)*

**Waffeln**
180 ml Milch
10 g Hefe
60 g Butter
2 Eier
120 g Mehl
1 Prise Salz
1 EL Zucker
100 g Butterschmalz zum Ausbacken

**Hühnerleberparfait**
1 Schalotte, fein geschnitten
1 Knoblauchzehe, fein geschnitten
20 ml Rapsöl
200 ml Portwein
100 g Hühnerleber
20 ml Schlagobers
50 g Butter
4 g Pökelsalz
5 g Salz
1 TL Zucker
1 Ei

**Eingelegter Sanddorn**
200 g Sanddornbeeren
200 ml Wasser
200 g Zucker
Saft und Zesten von
1 Bio-Zitrone

**Anrichten**
60 g brauner Zucker
Sanddornbeeren
Roter Sauerklee

**Eingelegter Sanddorn.** Die Sanddornbeeren in lauwarmem Wasser waschen. Wasser und Zucker verrühren, aufkochen, eine Minute köcheln lassen und so einen Läuterzucker herstellen. Zitronensaft und -zesten hineingeben. Die Sanddornbeeren in ein Weckglas füllen, den kochenden Läuterzucker darübergießen. Das Glas verschließen und den Sanddorn über Nacht ziehen lassen.

**Anrichten.** Waffeln und Leberparfait in gleich große Stücke schneiden. Das Parfait mit braunem Zucker bestreuen und mit einem Bunsenbrenner abflämmen, auf die noch warme Waffel setzen, eingelegte Sanddornbeeren und roten Sauerklee darauf verteilen.

# Rote-Rüben-Hippe mit Räucherforellen-Tatar, eingelegter Roter Rübe und Forellenkaviar

Die Forelle stammt ganz aus der Nähe, aus dem Zuger Fischteich von Andreas Mittermayr. Er hat eine perfekte Methode, den ziemlich fetten Fisch kalt zu räuchern. Die Konsistenz des Fleischs und die Räucheraromen passen sehr gut zusammen. Wir ergänzen sie mit der Erdigkeit der Roten Rübe.

**Rote-Rüben-Hippe.** Die Butter zergehen lassen und mit allen anderen Zutaten verrühren. Die Masse 2 Stunden kalt stellen. Danach in Dreiecksform ca. 1 Millimeter dick auf Silikon-Matten aufstreichen. In den Backofen geben und bei 160°C Umluft (180°C Ober-/Unterhitze) 8 bis 10 Minuten backen. Herausnehmen und noch warm mit einer Stanitzelform zu Spitztüten aufdrehen. Die Hippen jeweils kurz auskühlen lassen, dann vorsichtig von der Form ziehen.

**Räucherforellen-Tatar.** Das geräucherte Forellenfilet von eventuellen Gräten befreien, in kleine Würfel schneiden und mit den restlichen Zutaten vermengen. Mit Zitronensaft und -zesten, Salz und Pfeffer abschmecken.

*(Ergibt 4 Portionen)*

**Rote-Rüben-Hippe**
50 g Butter
50 g Eiweiß
50 g Staubzucker
50 g Mehl
2 EL Rote-Rüben-Pulver
1 Prise Salz

**Räucherforellen-Tatar**
1 Räucherforellenfilet
1 Schalotte, in feine Würfel geschnitten
2 EL Sauerrahm
1 EL Dill, gehackt
1 TL Senf
Saft und Zesten von
1 Bio-Zitrone
Salz + Pfeffer

**Eingelegte Rote Rübe.** Die Rote Rübe in Salzwasser kochen, bis sie weich ist. Danach in Eiswasser abschrecken und schälen. In ca. 1 Millimeter dünne Scheiben schneiden und mit einer Ausstechform Kreise ausstechen, ihr Durchmesser soll dem der Öffnung der Hippe entsprechen. Den Rote-Rüben-Saft mit dem Balsamico und dem Salz verrühren. Leicht erwärmen und die Rote-Rüben-Scheiben über Nacht darin einlegen.

**Anrichten.** Die Rote-Rüben-Hippe mit dem Räucherforellen-Tatar füllen, eingelegte Rote-Rüben-Scheiben seitlich einstecken. Forellenkaviar auf das Tatar setzen und mit etwas Petersilie bestreuen.

**Eingelegte Rote Rübe**
1 Rote Rübe, roh
100 ml Rote-Rüben-Saft
200 ml dunkler Balsamico
Salz

**Forellenkaviar**
60 g Forellenkaviar

**Anrichten**
2 EL Petersilie, gehackt

# Erbsentartelette

Ich liebe Erbsen. Besonders mag ich die Verbindung von Erbsen und Minze, die wir für diesen Snack noch mit Schalotten und wilden Erbsen ergänzen, die wir beim Kräutersuchen im Wald finden.

**Tartelette.** Alle Zutaten zu einem geschmeidigen Teig verkneten. In Klarsichtfolie einpacken und zwei Stunden im Kühlschrank rasten lassen. Danach den Teig dünn ausrollen und rund ausstechen. In eine Tarteletteform (4 Zentimeter Durchmesser) drücken, eine zweite Tarteletteform daraufsetzen. Bei 160 °C Umluft (180 °C Ober-/Unterhitze) ca. 10 bis 12 Minuten goldbraun backen. Danach kurz abkühlen lassen.

**Erbsensalat.** Erbsen in der Schote etwa 10 bis 14 Minuten kochen, bis sie schön weich, aber nicht verkocht sind. Danach kalt abschrecken und aus der Schote herauslösen. Die Schalottenwürfel mit den gepuhlten Erbsen vermengen. Danach mit den restlichen Zutaten abschmecken.

**Anrichten.** Den Erbsensalat in die Tartelettes füllen. Gezupfte Schnittlauchblüten, kleine Minzblätter und Zitronenzesten daraufsetzen.

*(Ergibt 4 Portionen)*

**Tartelette**
170 g Mehl, glatt
25 g Butter, weich
60 ml Wasser
3 g Salz

**Erbsensalat**
100 g Erbsen, frisch
1 kleine Schalotte, in feine Würfel geschnitten
30 ml weißer Balsamico
Saft und Zesten von ½ Bio-Zitrone
1 EL Olivenöl
Salz + Pfeffer

**Anrichten**
Schnittlauchblüten
Minzblätter
Zitronenzesten

# Pilztartelette

Wir Köche sammeln gern selbst Steinpilze und Eierschwammerl, oft in unserer Zimmerstunde.

*(Ergibt 4 Portionen)*

**Tartelette**
*(Rezept siehe S. 253)*

**Pilztapenade**
1 Schalotte, in feine Würfel geschnitten
1 Knoblauchzehe, in feine Würfel geschnitten
1 EL Öl
100 g Champignons, in feine Würfel geschnitten
100 g Steinpilze, in feine Würfel geschnitten
Saft und Zesten von ½ Bio-Limette
1 Prise Cayennepfeffer
Salz
1 EL Petersilie, fein gehackt

**Eingelegte Eierschwammerl**
300 g Eierschwammerl
300 ml weißer Balsamico
1 Schalotte, grob geschnitten
3 Knoblauchzehen, grob geschnitten
50 g Thymian, frisch
50 g Rosmarin, frisch
5 g Salz
50 g Zucker

**Anrichten**
Rohe Champignons, dünn gehobelt
Pilzkraut

**Tartelette.** Tarteletteteig nach Rezept zubereiten, hier jedoch Tarteletteformen mit 4,5 Zentimeter Durchmesser verwenden.

**Pilztapenade.** Schalotte und Knoblauch im Öl anschwitzen. Dann die Pilze dazugeben und gut rösten. Danach mit den restlichen Zutaten abschmecken. Zum Schluss die Petersilie einrühren.

**Eingelegte Eierschwammerl.** Die Eierschwammerl gut putzen und in ein Weckglas geben. Den Balsamico mit den anderen Zutaten aufkochen und kochend über die geputzten Eierschwammerl gießen. Das Glas gut verschließen und die Schwammerl über Nacht ziehen lassen.

**Anrichten.** Die Tartelettes mit der lauwarmen Pilztapenade füllen, die eingelegten Pilze darauf verteilen. Die feinen Champignonscheiben und das Pilzkraut daraufsetzen.

# Kartoffelsoufflé mit Crème fraîche und Forellenkaviar

Die Komponenten dieses Gerichts passen auf klassische Weise zusammen. Die Basis aus Kartoffeln ist leicht und knusprig. Dazu kommen der Schmelz der Crème fraîche und natürlich das Salz des Forellenkaviars aus dem nahen Fischteich.

**Kartoffelsoufflé.** Die Kartoffel in der Schale 90 Minuten bei 160°C Umluft (180°C Ober-/Unterhitze) auf einem Salzbett im Ofen garen. Danach auskühlen lassen, Kartoffel aus der Schale kratzen und durch ein Sieb pressen. Die Eier trennen. 100 Gramm von der passierten Kartoffel mit der Milch, den beiden Eigelben und dem Mehl verrühren. Das Eiweiß mit Salz aufschlagen und unter die Kartoffelmasse heben. Mit Salz und Pfeffer abschmecken. Kartoffelmasse in Servierringe (4 Zentimeter Durchmesser) pressen und in der Pfanne ausbacken.

**Crème fraîche.** Crème fraîche in ein mit einem Käsetuch ausgelegtes Sieb füllen und über Nacht abtropfen lassen. Danach mit Zitronenzesten und Salz abschmecken.

**Anrichten.** Die Crème fraîche mit einem Dressierbeutel auf die Kartoffelsoufflé-Türmchen aufspritzen, Forellenkaviar daraufsetzen und mit gehacktem Dill bestreuen.

*(Ergibt 4 Portionen)*

**Kartoffelsoufflé**
1 große Kartoffel, mehlig
2 Eier
30 ml Milch
40 g Mehl
Salz + Pfeffer
Fett zum Ausbacken

**Crème fraîche**
50 g Crème fraîche
Zesten von ½ Bio-Zitrone
Salz

**Forellenkaviar**
100 g Forellenkaviar

**Anrichten**
Frischer Dill, gehackt

# Gebackene Flusskrebsbällchen mit Zitronenmayonnaise

Wir legen großen Wert darauf, dass in unserer Küche möglichst wenig weggeworfen wird. Deshalb machen wir aus den Schwänzen und Scheren der Flusskrebse, die bei der Zubereitung anderer Gerichte übrigbleiben, aromatische Bällchen. Inspiration waren die Hummerchips aus China. Die Ausführung ist original vorarlbergerisch.

*(Ergibt 4 Portionen)*

**Gebackene Flusskrebsbällchen**
6 Stück Flusskrebse
1 Schalotte, fein geschnitten
1 Knoblauchzehe, fein geschnitten
1 Eigelb
1 EL Semmelbrösel
1 EL Petersilie, gehackt
Saft und Zesten von
1 Bio-Zitrone
Salz
Cayennepfeffer

1 Ei
Semmelbrösel zum Panieren
Öl zum Herausbacken

**Gebackene Flusskrebsbällchen.** Die Flusskrebse 2 Minuten kochen, dann aus der Schale brechen. Schöne Schalen mit heißem Wasser abspülen und zum Anrichten aufbewahren. Das Flusskrebsfleisch in kleine Würfel schneiden, mit der Schalotte und dem Knoblauch vermengen. Eigelb, Semmelbrösel und gehackte Petersilie einrühren. Mit Zitronensaft und -zesten, Salz und Cayennepfeffer abschmecken. Zu kleinen Kugeln von ca. 3 Zentimeter Durchmesser formen und kalt stellen. Vor dem Servieren mit verschlagenem Ei und Bröseln panieren, in Öl herausbacken.

**Zitronenmayonnaise.** Eigelb mit Senf, Essig, Salz und Pfeffer verrühren. Danach das Öl zunächst tropfenweise, dann in dünnem Strahl einlaufen lassen und untermixen, bis eine homogene Mayonnaise entstanden ist. Mit Zitronensaft und -zesten abschmecken.

**Anrichten.** Krebskarkasse auf dem Teller platzieren. Etwas Mayonnaise daraufgeben, Flusskrebsbällchen daraufsetzen. Einen Tupfen Mayonnaise und ein Blatt Zitronenverbene auf das Bällchen setzen.

**Zitronenmayonnaise**
1 Eigelb
1 TL Senf
1 EL Weißweinessig
Salz + Pfeffer
100 ml Rapsöl
Saft und Zesten von
1 Bio-Zitrone

**Anrichten**
Zitronenverbene

# Enten-Gyoza mit roh mariniertem Spitzkraut

Ich war in meinem Leben viel auf Reisen und habe besonders die asiatische Küche lieben gelernt. Die Idee hinter diesem Gericht war, Gyozas nach Vorarlberg zu bringen – und gleichzeitig eine ideale Verwendung für die Enten zu finden, die wir gemäß unserer Philosophie vollständig verwerten.

*(Ergibt 4 Portionen)*

**Gyoza-Teig**
240 g Weizenmehl, glatt
100 ml Wasser
1 EL Öl
1 Prise Salz

**Roh mariniertes Spitzkraut**
200 g Spitzkraut, in feine Streifen geschnitten
40 ml Sojasauce
30 ml Weißweinessig
1 Knoblauchzehe, fein gehackt
1 EL Honig
2 Scheiben Ingwer, gerieben
1 EL Sesamöl

**Gyoza-Teig.** Mehl in eine Schüssel geben und mit Wasser, Öl und Salz vermengen. Danach abgedeckt für 45 Minuten im Kühlschrank rasten lassen.

**Roh mariniertes Spitzkraut.** Die Sojasauce mit dem Weißweinessig, Knoblauch, Honig und Ingwer in einem Topf erwärmen und über das Spitzkraut gießen. Das Spitzkraut gut durchkneten, danach das Sesamöl dazugeben.

**Enten-Gyoza.** Entenkeulen mit Senf, Salz und Pfeffer würzen. Danach in einem Topf im Rapsöl von allen Seiten gut anbraten. Die Keulen aus dem Topf nehmen und das Wurzelgemüse im selben Topf anrösten. Das Tomatenmark dazugeben und kurz mitrösten, dann mit dem Rotwein ablöschen. Rotwein etwas reduzieren und mit Geflügelfond aufgießen. Die Entenkeulen mit den Wacholderbeeren und den Lorbeerblättern in den Topf dazugeben und abgedeckt bei niedriger Temperatur zwei Stunden schmoren. Danach die Entenkeulen aus dem Sud heben. Das Fleisch von den Knochen lösen und kalt stellen. Die Sauce durch ein Sieb in eine Kasserolle passieren und stark einreduzieren. Etwas Entensauce zum Anrichten beiseitestellen. Das Entenfleisch in kleine Würfel schneiden und mit Schalotten, Petersilie, Ei und der reduzierten Entensauce vermengen. Bei Bedarf etwas Semmelbrösel zum Binden unterrühren. Zu kleinen Bällchen von ca. 3 Zentimeter Durchmesser formen und 2 Stunden kalt stellen. Den Gyoza-Teig sehr dünn ausrollen und mit einer runden Ausstechform (8 Zentimeter Durchmesser) ausstechen. Die Teigkreise mit den Entenbällchen füllen und oben eindrehen oder zu Halbmonden zusammenfalten. Danach die Taschen 8 Minuten im Dampf garen.

**Anrichten.** Das Spitzkraut auf einen Teller geben, die Enten-Gyoza daraufsetzen. Mit etwas Entensauce übergießen.

**Enten-Gyoza**
2 Entenkeulen
30 g Senf
Salz + Pfeffer
2 EL Rapsöl
300 g Wurzelgemüse, in Würfel geschnitten
1 EL Tomatenmark
500 ml Rotwein, trocken
500 ml Geflügelfond
*(siehe Grundrezepte, S. 389)*
10 g Wacholderbeeren
10 g Lorbeerblätter

2 Schalotten, in feine Würfel geschnitten
1 EL Petersilie, fein gehackt
1 Ei
Semmelbrösel (nach Bedarf)

# Buchweizenblini mit geräuchertem Aal und Radieschen

César Ramírez kombinierte im Chef's Table at Brooklyn Fare gern Radieschen und gegrillten Aal, den er aus Japan kommen ließ. Wir haben diese Idee weitergesponnen, verwenden aber Aal aus dem Bodensee – und Radieschen aus unserem eigenen Garten.

*(Ergibt 4 Portionen)*

**Buchweizenblini**
80 ml Milch
50 g Buchweizenmehl
30 g Weizenmehl
1 Ei
1 TL Backpulver
Salz
Butterschmalz zum Ausbacken

**Radieschen**
5 Radieschen
100 ml weißer Balsamico

**Aal**
150 g geräucherter Aal

**Anrichten**
Schnittlauch

**Buchweizenblini.** Ei trennen. Die Milch leicht erwärmen, die beiden Mehle einrühren und im Topf abbrennen. Die Masse abkühlen lassen und dann mit dem Eigelb verrühren. Das Eiweiß mit Salz aufschlagen und zusammen mit dem Backpulver unter die Masse heben. Butterschmalz in einer Pfanne erhitzen, den Teig löffelweise hineingeben und runde Blini von ca. 4,5 Zentimeter Durchmesser herausbacken.

**Radieschen.** Die Radieschen in feine Scheiben schneiden, mit dem Balsamico übergießen und mindestens eine Stunde darin marinieren.

**Aal.** Den geräucherten Aal in kleine Stücke schneiden und kurz mit dem Bunsenbrenner abflämmen.

**Anrichten.** Die Blini auf den Teller legen. Aal, Radieschenscheiben und Schnittlauch daraufsetzen.

# Schwarzbrot-Chips mit Bergforellentatar und Krenmousse

Wir kombinieren den frisch gerissenen Kren mit einer molligen Mousse vom Kren und dem Forellentatar. Grundlage dafür ist ein knuspriger Schwarzbrot-Chips.

**Krenmousse.** Die Milch leicht erwärmen. Den Kren in der lauwarmen Milch 10 Minuten ziehen lassen. Gelatine in kaltem Wasser einweichen. Die Milch mit dem Kren durch ein Sieb streichen. Die Krenmilch noch einmal kurz erwärmen, um die eingeweichte Gelatine darin aufzulösen. Den Obers aufschlagen und unter die Krenmilch heben. Mit Zitronensaft und Salz abschmecken. Die Mischung etwa einen Zentimeter hoch in ein flaches, mit Frischhaltefolie ausgelegtes Blech gießen und zwei Stunden kalt stellen. Vor dem Anrichten mit einer runden Ausstechform (3,5 Zentimeter Durchmesser) ausstechen, dabei den Ring immer wieder in heißes Wasser tauchen.

**Forellentatar.** Das Forellenfilet von Gräten und Haut befreien. In kleine Würfel schneiden, mit Limettensaft und -zesten, Olivenöl und Salz abschmecken. Das fertig marinierte Tatar etwa einen Zentimeter hoch in denselben Ring hineindrücken, mit dem die Mousse ausgestochen wurde.

**Schwarzbrot-Chips.** Schwarzbrot in ca. 2 Millimeter dünne Scheiben schneiden und wiederum Kreise ausstechen. Die Brotkreise auf ein gut gefettetes Blech legen, ein zweites Blech daraufsetzen und bei 160°C Umluft (180°C Ober-/Unterhitze) 12 Minuten im Ofen backen.

**Anrichten.** Die Krenmousse auf dem Schwarzbrot-Chip platzieren, das Forellentatar daraufsetzen und mit frisch geriebenem Kren und Borretschblüten bestreuen.

(Ergibt 4 Portionen)

**Krenmousse**
50 ml Milch
80 g Kren, gerieben
4 Blatt Gelatine
75 ml Schlagobers
Saft von ½ Zitrone
Salz

**Forellentatar**
1 Forellenfilet
(ca. 80 Gramm)
Saft und Zesten von
1 Bio-Limette
1 EL Olivenöl
Salz

**Schwarzbrot-Chips**
Schwarzbrot

**Anrichten**
Kren
Borretschblüten

# Gazpacho mit gegrillten Artischocken und Salatherzen, Kräutern und Artischocken-Chips

Grundprodukt ist die Marchfelder Artischocke. Wir grillen sie an, um den Geschmack zu intensivieren. Dazu gibt es Bergkräuter, die wir selbst pflücken, Sauerklee aus dem Zuger Tobel, wilde Erbsen und Minze aus dem Garten.

**Gazpacho.** Alle festen Zutaten in einem Mixer ganz fein pürieren. Dann die Masse mit Essig, Zucker, Salz und Pfeffer abschmecken und für mindestens 2 Stunden in den Kühlschrank stellen.

**Gegrillte Artischocken.** Die äußeren Blätter, den Stiel und das Heu der Artischocken entfernen, gut putzen. Die fertig vorbereiteten Artischocken in kaltem Wasser mit Zitronensaft einlegen. Die Schalotte im Öl anschwitzen, mit dem Weißwein ablöschen und mit dem Fond aufgießen. Zitronensaft hinzufügen, mit Thymian, Salz und Pfeffer abschmecken. Die Artischocken in diesem Sud je nach Größe etwa 15 bis 20 Minuten abgedeckt köcheln lassen, bis sie gar, aber nicht zu weich sind. Anschließend aus dem Sud heben und kalt stellen.

*(Ergibt 4 Portionen)*

**Gazpacho**
2 rote Paprikaschoten, in grobe Würfel geschnitten
1 Salatgurke, in grobe Würfel geschnitten
6 Tomaten, in grobe Würfel geschnitten
1 Schalotte, in grobe Würfel geschnitten
1 Knoblauchzehe
1 Chilischote
40 ml Weißweinessig
30 g Zucker
Salz + Pfeffer

**Gegrillte Artischocken**
4 große Artischocken
1 Schalotte, fein geschnitten
1 EL Rapsöl
300 ml Weißwein
500 ml Gemüse- oder Geflügelfond (*siehe Grundrezepte, S. 388 oder 389*)
Saft von 2 Zitronen
1 Bund Thymian
Salz + Pfeffer

**Artischocken-Chips**
1 Artischocke
200 ml Rapsöl
5 g Salz

**Kräuter**
20 g Blutampfer
20 g Schafgarbe
20 g Kapuzinerkresse-Blätter
10 g Kapuzinerkresse-Blüten
20 g Rucola
20 g Wicke
10 g Minze
Saft von ½ Zitrone
1 EL Olivenöl
Salz

**Salatherzen**
4 Salatherzen

**Artischocken-Chips.** Die Artischocke putzen *(siehe unter „Gegrillte Artischocken")*. Danach die rohe Artischocke in feine Scheiben (ca. 1 Millimeter) schneiden. In der Zwischenzeit das Rapsöl in einem Topf auf ca. 120°C erhitzen. Die Artischockenscheiben ins Öl geben und etwa 8 Minuten frittieren. Artischocken-Chips mit einem Schaumlöffel aus dem Öl heben und auf Küchenpapier abtropfen lassen. Zum Schluss mit Salz würzen.

**Kräuter.** Die Kräuter mit Zitrone, Olivenöl und Salz marinieren.

**Anrichten.** Die Artischocken und die Salatherzen in Viertel schneiden und über Holzkohle grillen. Die kalte Gazpacho in den Teller geben, die Artischocken und die Salatherzen darin anrichten. Den Kräutersalat und die Artischocken-Chips darauf verteilen.

# Bärlauch-Chawanmushi in Geflügelconsommé mit Schnecken und Knochenmark

Wir haben einen Vorarlberger Polizisten kennengelernt, der begonnen hatte, im Nebenberuf Schnecken zu züchten. Wir waren seine ersten Kunden – und arbeiten seither zusammen. Zu den Schnecken passt der Geschmack von Bärlauch. Das Pesto für die Basis machen wir im Frühjahr von selbst gepflücktem Bärlauch. Das reicht uns für die ganze Saison.

**Bärlauchpaste.** Nach Rezept zubereiten, jedoch statt der Kräuter 500 Gramm Bärlauch verwenden.

**Chawanmushi.** Alle Zutaten gut miteinander vermixen. Dann in feuerfeste Schälchen füllen, mit Aluminiumfolie abdecken und im Ofen bei 95°C Dampf 12 Minuten garen. Alternativ ein Blech mit Wasser in den Ofen stellen oder in einem Bambuskorb über einem Wasserbad dämpfen.

**Geflügelconsommé.** Hühnerbrust, Wurzelgemüse und Zwiebel faschieren. Das Eiweiß unter die Masse rühren, dann in den kalten Geflügelfond geben und einmal gut verrühren. Den Fond langsam auf kleiner Flamme erhitzen. Immer wieder umrühren, damit nichts anhängt und anbrennt. Sobald der sogenannte Klärkuchen aufsteigt, nicht mehr umrühren. Anschließend noch 40 Minuten auf kleinster Flamme köcheln lassen. Die Consommé durch ein Passiertuch gießen. Danach den Thymian hineingeben, die Brühe noch einmal aufkochen und auf die Hälfte einreduzieren. Nochmals abseihen und mit Sherry und Salz abschmecken.

*(Ergibt 4 Portionen)*

**Bärlauchpaste**
*(Zutaten und Zubereitung: siehe Kräuterpaste, S. 281)*

**Chawanmushi**
100 g Bärlauchpaste *(siehe oben)*
300 ml Eiweiß
30 ml Eigelb
70 ml Schlagobers
150 ml Gemüsefond
*(siehe Grundrezepte, S. 388)*
2 g Salz
30 ml Mirin
30 ml Sojasauce

**Geflügelconsommé**
200 g Hühnerbrust, ohne Haut, in grobe Würfel geschnitten
200 g Wurzelgemüse, in grobe Würfel geschnitten
1 Zwiebel, in grobe Würfel geschnitten
200 ml Eiweiß
1 l Geflügelfond
*(siehe Grundrezepte, S. 389)*
100 g Thymian, frisch
2 cl Sherry
Salz

**Knochenmark.** Das Knochenmark über Nacht in kaltes Wasser einlegen. Danach in kleine Würfel schneiden. Vor dem Anrichten für 2 Minuten in den 100 °C heißen Backofen geben, damit das Knochenmark einen schönen Schmelz bekommt.

**Schnecken.** Die Schnecken in kleine Stücke schneiden.

**Anrichten.** Die temperierten Knochenmarkwürfel und die Schneckenstücke auf das Chawanmushi setzen und mit etwas Geflügelconsommé auffüllen. Mit gezupften Schnittlauch- und Kornblumenblüten und Kerbel bestreuen.

**Knochenmark**
100 g Knochenmark, ausgelöst

**Schnecken**
100 g Schnecken, gekocht

**Anrichten**
Schnittlauchblüten
Kornblumenblüten
Kerbel

# Steinpilz-Raviolo im Pilzsud mit Perlzwiebeln und geröstetem Pilzöl

Steinpilze stehen bei uns in den Bergen natürlich im Vordergrund. Wir versuchen bei diesem Gericht, alles an Geschmack aus diesen Pilzen herauszuholen. Das Ergebnis ist eine Geschmacksbombe, in allen Aggregatzuständen: geräuchert, getrocknet, zu Öl verarbeitet.

**Steinpilz-Raviolo.** Mehl mit Eigelb, Olivenöl und Salz zu einem geschmeidigen Teig verarbeiten. Falls nötig, etwas Wasser dazugeben. Den Teig dann 1 Stunde im Kühlschrank rasten lassen. Schalotte und Knoblauch in einer Pfanne in der Butter anschwitzen. Danach die Steinpilze hineingeben und gut anrösten. Mit Salz und Pfeffer abschmecken. Zum Schluss die Crème fraîche und die gehackte Petersilie einrühren und die Masse ebenfalls kalt stellen. Den Nudelteig dünn ausrollen, mit einer Ausstechform (6 Zentimeter Durchmesser) Teigkreise ausstechen. In die Mitte jeweils 1 Teelöffel Steinpilzfülle setzen, und den Rand mit etwas Wasser bestreichen. Einen zweiten Teigkreis darauflegen und den Rand mit einer Gabel andrücken. Die fertigen Ravioli in gesalzenem Wasser ca. 4 bis 5 Minuten kochen.

**Pilzsud.** Pilze im Ofen bei 160 °C Umluft (180 °C Ober-/Unterhitze) 20 Minuten rösten. Den Gemüsefond aufkochen, die gerösteten Pilze und die Schalotten hineingeben und 15 Minuten bei leichter Hitze durchziehen lassen. Für die letzten 2 Minuten noch etwas Thymian hineingeben und den Fond danach durch ein Sieb abseihen. Mit Salz und Pfeffer abschmecken.

*(Ergibt 4 Portionen)*

**Steinpilz-Raviolo**
250 g Mehl, griffig
130 g Eigelb
1 EL Olivenöl
Salz
1 Schalotte, in kleine Würfel geschnitten
1 Knoblauchzehe, in kleine Würfel geschnitten
30 g Butter
400 g Steinpilze, in kleine Würfel geschnitten
Salz + Pfeffer
1 EL Crème fraîche
1 EL Petersilie, gehackt

**Pilzsud**
500 g Steinpilze, in grobe Würfel geschnitten
500 g Champignons, in grobe Würfel geschnitten
500 ml Gemüsefond
*(siehe Grundrezepte, S. 388)*
2 Schalotten
Thymian, frisch
Salz + Pfeffer

**Glasierte Perlzwiebeln**
100 g Perlzwiebeln, halbiert
Zucker
20 ml Öl
50 ml Apfelessig

**Geröstetes Pilzöl**
200 g Steinpilze, grob geschnitten
100 ml Rapsöl

**Anrichten**
2 kleine Steinpilze, roh
Pilzkraut

**Glasierte Perlzwiebeln.** Die Perlzwiebelhälften mit der Schnittseite in Zucker tunken. Auf der Zuckerseite in eine Pfanne legen und schön goldbraun karamellisieren. Dann mit dem Apfelessig ablöschen und vom Herd nehmen.

**Geröstetes Pilzöl.** Pilze im Rapsöl langsam erhitzen, bis zu einer Temperatur von etwa 160°C. Etwa 8 Minuten frittieren. Danach das Öl vorsichtig durch ein Metallsieb abseihen.

**Anrichten.** Den Pilz-Raviolo im Teller anrichten und mit Pilzsud übergießen. Ein paar Tropfen geröstetes Pilzöl hineinträufeln und die Perlzwiebeln daraufsetzen. Feine Steinpilzscheiben darüberhobeln, mit dem Pilzkraut bestreuen.

# Confiertes Ei mit Kräutersabayon und Zwiebelmarmelade

Eines unserer Signature-Dishes – und eine Ode an das von mir bewunderte Restaurant Arpège. Das Ei wird langsam confiert, bis der Dotter eine ganz spezielle Konsistenz hat. Dieses Gericht steht von Beginn an auf unserer Karte.

*(Ergibt 4 Portionen)*

**Kräuterpaste.** Schalotte und Knoblauch in Butter sautieren. Die fein gehackten Kräuter hineingeben und mit dem Obers aufgießen. Leicht erwärmen und im Standmixer ganz fein pürieren, bis eine feine Kräuterpaste entstanden ist. Mit den Zitronenzesten, Salz und Pfeffer abschmecken.

**Kräutersabayon.** Eigelb in einem Rührkessel über einem Wasserbad schaumig schlagen. Anschließend nach und nach den Geflügelfond und den Obers angießen. Alles schaumig schlagen und auf ca. 75°C erhitzen, bis das Sabayon eine kompakte Konsistenz besitzt. Nun die Kräuterpaste einrühren, dann mit Zitronensaft und -zesten, Salz und Pfeffer abschmecken.

**Kräuterpaste**
1 Schalotte, fein gehackt
2 Knoblauchzehen, fein gehackt
50 g Butter
1 Bund Petersilie, fein gehackt
1 Bund Schnittlauch, fein gehackt
1 Bund Kerbel, fein gehackt
1 Bund Liebstöckel, fein gehackt
200 ml Schlagobers
Zesten von 1 Bio-Zitrone
Salz + Pfeffer

**Kräutersabayon**
250 g Eigelb
300 ml Geflügelfond
*(siehe Grundrezepte, S. 389)*
100 ml Schlagobers
100 g Kräuterpaste
*(siehe oben)*
Saft und Zesten von
1 Bio-Zitrone
Salz + Pfeffer

**Zwiebelmarmelade.** Den Zucker in einem Topf leicht karamellisieren und die Zwiebeln darin anschwitzen. Etwa 15 Minuten köcheln lassen, bis die Flüssigkeit reduziert ist. Dann mit Zitronensaft und -zesten und Salz abschmecken.

**Confierte Dotter.** Die Eier mit einem Eierschalensollbruchverursacher („Eierköpfer") vorsichtig öffnen. Die größeren Teile der Eierschalen, in denen das Gericht später serviert wird, mit heißem Wasser ausspülen und die innere Haut entfernen. Danach die Schalen mit der Öffnung nach unten auf ein Küchenpapier stellen, damit sie trocknen können. Die Butter in einem Topf klären und in einen kleinen Topf gießen. Die Dotter in die warme Butter geben, sie sollen komplett darin schwimmen können. Etwa 5 Minuten bei 60°C Umluft (80°C Ober-/Unterhitze) im Ofen confieren.

**Anrichten.** Die confierten Eidotter aus der Butter heben und jeweils einen Dotter in eine Eierschale setzen. Die Zwiebelmarmelade darauf verteilen und mit einem Löffel Kräutersabayon abschließen.

**Zwiebelmarmelade**
150 g Zucker
2 Zwiebeln, fein würfelig geschnitten

Saft und Zesten von
2 Bio-Zitronen
Salz

**Confierte Dotter**
4 Eigelb
250 g Butter

Julius Kopp, Service-Team im Chef's Table

# Gegrillter eingelegter Spargel und gebeizter Saibling mit Miso-Sabayon und Fischhaut-Chips

Ich liebe die japanische Küche und ihre Produkte. Die Sabayon wird durch helles Miso mollig und würzig und erzielt damit den perfekten Kontrast zu den Räucheraromen des Spargels.

*(Ergibt 4 Portionen)*

**Eingelegter Spargel**
12 Stangen weißer Spargel, geschält und geputzt
500 ml Gemüsefond
*(siehe Grundrezepte, S. 388)*
150 ml Weißweinessig
Salz + Pfeffer
Lorbeerblätter

**Gebeizter Saibling**
600 g Saiblingsfilet
40 g Salz
2 EL Zucker
Zesten von 1 Bio-Zitrone

**Eingelegter Spargel.** Gemüsefond und Essig mit Salz und Pfeffer abschmecken, aufkochen und die Lorbeerblätter dazugeben. Den Spargel mit den Spitzen nach oben in ein passendes Weckglas stellen und mit dem heißen Fond übergießen. Das Glas verschließen und im Dampfgarer ca. 35 Minuten dämpfen. Danach über Nacht kalt stellen.

**Gebeizter Saibling.** Saiblingsfilet waschen, trocken tupfen und von den Gräten befreien, die Haut dranlassen. Salz und Zucker vermischen und den Saibling damit gleichmäßig auf Haut- und Fleischseite bestreuen. Die Zitronenzesten auf der Fleischseite verteilen und hineinreiben. Den Fisch mit Frischhaltefolie abdecken und 6 Stunden gekühlt durchziehen lassen. Danach das Filet in dünnen Scheiben von der Haut herunterschneiden. Die Haut für die Fischhaut-Chips beiseitestellen.

**Miso-Sabayon**
1 Schalotte, in feine Würfel geschnitten
1 EL Öl
80 ml Weißwein
300 ml Gemüsefond
*(siehe Grundrezepte, S. 388)*
5 Eier
100 ml Schlagobers
1 EL helles Miso
Saft und Zesten von
1 Bio-Zitrone
Salz + Pfeffer

**Fischhaut-Chips**
1 Haut von einem Saiblingsfilet
200 ml Rapsöl
3 g Salz

**Anrichten**
Zucchiniblüten, der Länge nach in Streifen geschnitten
Zitronenzesten

**Miso-Sabayon.** Die Schalotte bei niedriger Temperatur im Öl anschwitzen. Mit dem Weißwein ablöschen und mit dem Gemüsefond aufgießen. 10 Minuten leicht köcheln lassen. Danach durch ein Spitzsieb abseihen. Die Eier in einer Rührschüssel über einem Wasserbad warm aufschlagen. Den Fond nach und nach dazugießen. Danach den Obers einrühren. Das Ganze auf ca. 75°C erhitzen, bis die Masse eine cremige Konsistenz bekommt. Mit Miso, Zitronensaft und -zesten, Salz und Pfeffer abschmecken.

**Fischhaut-Chips.** Den Backofen auf 60°C Umluft (80°C Ober-/Unterhitze) vorheizen. Die Saiblingshaut unter fließendem Wasser gut abwaschen und gründlich von Fleisch- und Fettresten befreien. Anschließend auf ein mit Backpapier ausgelegtes Blech legen, in den Backofen schieben und dort ca. 8 Stunden trocknen. Das Rapsöl auf 180°C erhitzen. Die getrocknete Fischhaut im heißen Öl frittieren, herausnehmen und auf einem Küchenpapier abtropfen lassen. Mit Salz würzen und in ca. 3 Zentimeter große Stücke brechen.

**Anrichten.** Den Spargel aus dem Glas nehmen, gut abtropfen und mit Öl bepinseln. Von allen Seiten grillen. Den gebeizten Saibling mit dem gegrillten Spargel auf dem Teller anrichten. Die Miso-Sabayon daneben geben, Fischhaut-Chips und Zucchiniblütenstreifen daraufsetzen und mit Zitronenzesten bestreuen.

# Eingelegte Tomaten mit Holunderkapern und Estragon-Granité

Die Tomaten einfach nur mit Basilikum zu kombinieren, erschien uns zu banal. Deshalb verwenden wir stattdessen französischen Estragon, um dieses kühle, erfrischende Gericht in einen feinen Aha-Moment zu verwandeln.

**Eingelegte Tomaten.** Die Tomaten mit einer Prise Salz und dem Zucker im Standmixer pürieren und durch ein mit einem Passiertuch ausgelegtes Spitzsieb in einen Topf abseihen. Danach die klare Flüssigkeit mit dem Knoblauch und der Chilischote aufkochen und ein wenig einreduzieren. Anschließend mit dem Essig abschmecken und bei Bedarf mit Salz und Zucker nachwürzen. Die Cherry-Tomaten mit einem Messer vorsichtig einschneiden. Die Tomaten etwa 10 bis 15 Sekunden in kochendem Salzwasser blanchieren, danach in Eiswasser abschrecken und die Haut abziehen. Die geschälten Tomaten in eine Schüssel füllen, mit dem kochenden Tomatensud übergießen und eine Nacht ziehen lassen.

**Holunderkapern.** Im Frühjahr, bevor der Holunder zu blühen beginnt, die noch geschlossenen Knospen abzwicken. Gut waschen und trocknen. Danach in ein Glas geben und mit dem Balsamico übergießen. Das Glas gut verschließen und die Holunderkapern mindestens 1 Woche darin ziehen lassen.

*(Ergibt 4 Portionen)*

**Eingelegte Tomaten**
2 kg Tomaten
Salz
1 TL Zucker
2 Knoblauchzehen
1 Chilischote
50 ml Weißweinessig
8 Cherry-Tomaten zum Einlegen

**Gebeizter Saibling**
600 g Saiblingsfilet
40 g Salz
2 EL Zucker
Zesten von 1 Bio-Zitrone

**Holunderkapern**
50 g Holunderblütenknospen
50 g weißer Balsamico

**Estragon-Granité**
1 kg Tomaten
40 ml Gin
60 g Zucker
Saft von 1 Zitrone
100 ml Wasser
2 Bund Estragon, grob gehackt

**Anrichten**
Estragon

**Estragon-Granité.** Die Tomaten in einem Standmixer pürieren und durch ein mit einem Passiertuch ausgelegtes Spitzsieb abseihen. Das Tomatenwasser mit Gin, Zucker, Zitronensaft und Wasser abschmecken, dann den Estragon in die Flüssigkeit einmixen. Nochmals passieren, in eine flache Schale gießen und einfrieren.

**Anrichten.** Die eingelegten Cherry-Tomaten halbieren und bei Bedarf noch etwas nachwürzen. Mit je einem Esslöffel Einlegesud in kleine Schüsseln geben. Die Holunderkapern darauf verteilen. Das Estragon-Granité mit einer Gabel aufkratzen und auf die Tomaten setzen. Mit Estragonblättern bestreuen.

# Confierter Saibling mit Buttermilch-Schnittlauch-Vinaigrette und Saiblingskaviar

Es ist ein Privileg, mit einem so frischen Fisch wie dem Saibling aus dem Zuger Fischteich arbeiten zu dürfen. Hier confieren wir ihn und geben als Kontrast eine fein säuerliche Vinaigrette dazu. Die feine Säure stammt von der Buttermilch, die im Haus gemacht wird. Sie ist leicht und dünnflüssig und bekommt durch das Reduzieren Tiefe und Geschmack.

**Confierter Saibling.** Saiblingsfilet waschen, trocken tupfen und die Gräten entfernen. Haut dranlassen. Danach mit dem Salz einreiben und 20 Minuten ziehen lassen. Nochmals abwaschen und trocken tupfen. Das Rapsöl in ein tiefes Blech gießen, Zitronenscheiben, ganze Knoblauchzehen und Dill dazugeben. Das Öl auf 65°C erhitzen. Saiblingsfilet quer in 4 Portionen schneiden, dann den Fisch in das Öl legen. Je nach Dicke des Fleischs ca. 8 bis 12 Minuten confieren. Der Fisch sollte in etwa eine Kerntemperatur von 50°C haben. Danach aus dem Öl heben und auf einem Küchenpapier abtropfen lassen.

**Schnittlauchöl.** Den Schnittlauch mit dem Rapsöl glatt pürieren und durch ein Spitzsieb passieren.

*(Ergibt 4 Portionen)*

**Confierter Saibling**
600 g Saiblingsfilet
20 g Salz
1 l Rapsöl
1 Bio-Zitrone, in Scheiben geschnitten
3 Knoblauchzehen
1 Bund Dill

**Schnittlauchöl**
1 Bund Schnittlauch
100 ml Rapsöl

**Buttermilch-Schnittlauch-Vinaigrette**
500 ml Buttermilch
80 ml Weißweinessig
Zesten von 1 Bio-Zitrone
Salz + Pfeffer
1 Menge Schnittlauchöl
*(siehe oben)*

**Saiblingskaviar**
100 g Saiblingskaviar

**Anrichten**
Schnittlauchblüten

**Buttermilch-Schnittlauch-Vinaigrette.** 250 Milliliter Buttermilch in einem Topf erwärmen, bis sich Molke und Fett trennen. Das Ganze abseihen, die Molke wieder in den Topf geben und auf die Hälfte einkochen. Die restlichen 250 Milliliter Buttermilch mit Weißweinessig, Zitronenzesten, Salz und Pfeffer abschmecken. Danach die reduzierte Molke dazugeben und einrühren. Zum Schluss das Schnittlauchöl in die Vinaigrette einrühren.

**Anrichten.** Die Haut von den Saiblingsfiletstücken abziehen und in die Schnittlauch-Buttermilch-Vinaigrette legen. Je einen Löffel Saiblingskaviar und Schnittlauchblüten daraufsetzen.

# Blutwurst mit gepökelter Kalbszunge und eingelegten Ribiseln

Blutwurst ist ein Lebensmittel, gegen das manche Menschen Vorbehalte haben. Dieses Rezept, das ich aus New York mitgebracht habe, kann diese Schwelle senken. Das Gericht ist cremig und salzig, die Ribiseln fügen dem einen genialen Säuretouch hinzu.

**Blutwurst.** Zwiebel, Knoblauch und Apfel in Butter anschwitzen, danach kalt stellen. Das Schweineblut in eine Schüssel gießen und mit allen anderen Zutaten verrühren. Die ganze Masse etwas überwürzen, dann in ein mit Frischhaltefolie ausgelegtes Blech gießen und mit Folie abdecken. Dann bei 85°C 30 Minuten im Backofen dämpfen, entweder im Dampfbackofen oder im konventionellen Backofen mit einem unten eingeschobenen Blech voll heißem Wasser. Herausnehmen und über Nacht kalt stellen. Die Blutwurst vor dem Anrichten in Rechtecke schneiden, mehlieren und in Butter anbraten.

(Ergibt 4 Portionen)

**Blutwurst**
1 Zwiebel, in kleine Würfel geschnitten
3 Knoblauchzehen, in kleine Würfel geschnitten
1 Apfel, in kleine Würfel geschnitten
2 EL Butter
250 ml Schweineblut
50 g Lardo, in kleine Würfel geschnitten
10 g Cranberrys
10 g Pökelsalz
100 g Weißbrotbrösel
1 Ei
30 ml Schlagobers
20 g Paprikapulver, edelsüß
3 g Piment d'Espelette
30 g Majoran, getrocknet
Mehl zum Mehlieren
Butter zum Anbraten

**Gepökelte Kalbszunge.** Die Kalbszunge mit beiden Salzsorten einreiben und über Nacht gekühlt pökeln. Am nächsten Tag die Zunge mit dem Wurzelgemüse, der Zwiebel und den Gewürzen auf kleiner Flamme kochen – je nach Größe 1 ½ bis 2 Stunden. Wenn die Zunge weich ist, aus dem Sud heben und in Eiswasser abschrecken. Noch lauwarm enthäuten.

**Eingelegte Ribiseln.** Die Ribiseln in ein Weckglas geben. Wasser und Zucker zu Läuterzucker verkochen. Dann den Essig hineingeben und die Flüssigkeit kochend über die Beeren gießen. Das Glas verschließen und die Beeren über Nacht ziehen lassen.

**Anrichten.** Die gebratene Blutwurst auf einen Teller legen. Die Zunge dünn aufschneiden und lauwarm auf der Blutwurst anrichten. Die eingelegten Ribiseln daraufsetzen. Mit Kalbsjus umgießen, ein wenig von dem Einlegesud der Ribiseln darüberträufeln.

**Gepökelte Kalbszunge**
1 Kalbszunge
25 g Pökelsalz
20 g Salz
200 g Wurzelgemüse, in grobe Stücke geschnitten
1 Zwiebel, in grobe Stücke geschnitten
Wacholderbeeren
Pfefferkörner
1 Lorbeerblatt

**Eingelegte Ribiseln**
200 g Ribiseln
100 ml Wasser
100 g Zucker
20 ml Weißweinessig

**Anrichten**
Kalbsjus
*(siehe Grundrezepte, S. 387)*

# Bergforellen-Ceviche mit Apfel, Kohlrabi und Korianderöl

Ceviche – das „Kochen" von rohem Fisch in Zitrussäure – habe ich in Mexiko kennengelernt. Es ist ein frisches, sehr säurebetontes Gericht. Säure spielt in unserer Küche überhaupt eine sehr wichtige Rolle. Hier kombinieren wir Limette, Essig und die knackige Säure des grünen Apfels.

**Bergforellen-Ceviche.** Die Bergforellen waschen, filetieren und von den Gräten befreien. In dünne Scheiben schneiden und mit Schalotte, Knoblauch und Chili in eine Schüssel geben. Limettensaft und Weißweinessig angießen. Mit Salz und Pfeffer abschmecken. Zum Schluss das Olivenöl darüberträufeln.

**Korianderöl.** Den Koriander waschen und trocknen. Dann grob schneiden, auch die Stiele. Den Koriander in einem Standmixer mit dem Öl pürieren, anschließend durch ein feines Sieb passieren.

**Anrichten.** Die Bergforellenscheiben auf einen Teller geben, mit etwas Marinade übergießen. Apfel- und Kohlrabischeiben auf dem Fisch anrichten. Einige Tropfen Korianderöl in die Marinade träufeln, Kohlrabiblätter und Korianderblüten daraufsetzen.

*(Ergibt 4 Portionen)*

**Bergforellen-Ceviche**
2 Bergforellen
1 Schalotte, fein geschnitten
1 Knoblauchzehe, fein geschnitten
1 Chilischote, fein geschnitten
Saft von 4 Limetten
100 ml Weißweinessig
Salz + Pfeffer
1 TL Olivenöl

**Apfel und Kohlrabi**
2 grüne Äpfel, in feine Scheiben geschnitten
1 Kohlrabi, in feine Scheiben geschnitten

**Korianderöl**
200 g Koriander
100 g Rapsöl

**Anrichten**
Kohlrabiblätter, ausgestochen
Korianderblüten

Ali Ahmed Farah, Abwäscher im Chef's Table

# Bayerische Garnele mit Kräutersalat, Lardo und Spitzpaprikaschaum

Garnelen gehören zwar nicht zur typisch alpinen Küche, aber diese sind besonders. Sie stammen vom bayerischen Start-up Crusta Nova aus Erding, wo die Garnelen in großen Salzwassertanks gezüchtet und mit besonderer Sorgfalt ernährt werden. Ein tolles Produkt, das wir in den Mittelpunkt dieses Gerichts gestellt haben.

**Garnelen.** Die Garnelen waschen und trocken tupfen. Falls gewünscht, den Kopf abdrehen und den Schwanz schälen. Den Darm entfernen. Die Garnelen mit Salz und Zitronensaft würzen. Dann in der Pfanne kurz braten (ca. 30 Sekunden pro Seite), sie sollen innen noch glasig sein.

**Kräutersalat.** Kräuter waschen und trocken tupfen. Petersilie, Kerbel, Rucola und Dill in kleine Stücke zerzupfen. Schnittlauch fein schneiden. Alles in eine Schüssel geben. Mit Zitronensaft und -zesten, Salz und Pfeffer würzen. Zum Schluss mit Olivenöl beträufeln.

*(Ergibt 4 Portionen)*

**Garnelen**
12 Bayerische Garnelen
Salz
Saft 1 Zitrone
Öl zum Braten

**Kräutersalat**
1 Bund Petersilie
1 Bund Kerbel
100 g Rucola
100 g Dill
1 Bund Schnittlauch
Saft und Zesten
1 Bio-Zitrone
Salz + Pfeffer
1 EL Olivenöl

**Lardo**
12 Scheiben Lardo, dünn geschnitten

**Spitzpaprikaschaum**
1 Schalotte, in feine Würfel geschnitten
3 Knoblauchzehen, in feine Würfel geschnitten
3 EL Öl
6 Spitzpaprika, in grobe Würfel geschnitten
200 ml Weißwein
500 ml Gemüsefond
*(siehe Grundrezepte, S. 388)*
1 EL Honig
1 Chilischote
50 g Ingwer,
30 ml Weißweinessig
Salz + Pfeffer
80 g Butter, kalt

**Spitzpaprikaschaum.** Schalotte und Knoblauch im Öl anschwitzen. Spitzpaprika hineingeben und mit anschwitzen. Mit dem Weißwein ablöschen und ein wenig reduzieren. Danach mit dem Gemüsefond aufgießen und ca. 20 Minuten leicht köcheln. Honig, Chili und Ingwer hinzufügen und noch mal etwa 5 Minuten köcheln lassen. Danach mit Essig, Salz und Pfeffer abschmecken. Gut vermixen und durch ein Sieb passieren. Zum Schluss mit der kalten Butter aufmontieren, sodass ein schöner Schaum entsteht.

**Anrichten.** Die gebratenen Garnelen auf den Teller geben, eine dünn geschnittene Scheibe Lardo darauflegen. Den marinierten Kräutersalat auf dem Lardo verteilen. Spitzpaprikaschaum darauflöffeln.

# Gebratener Zander mit Blumenkohl, Salzzitrone, Mandeln und Beurre Blanc

Die Salzzitronen, die wir in diesem Gericht verwenden, stammen von meinem Vater Michael Natmessnig. Er züchtet seit ein paar Jahren in seinem Glashaus in Seibersdorf ganz spezielle Früchte, darunter Kaffirlimetten, Bergamotten, Buddhas Hands und Fingerlimetten. Ich bekomme regelmäßig Pakete von ihm, der Inhalt ist jedes Mal großartig.

**Gebratener Zander.** Zander waschen, schuppen, trocknen, filetieren und von den Gräten befreien. Die Zanderfilets portionieren, mit Zitronensaft und Salz würzen. Auf der Hautseite im Öl kräftig anbraten. In den Backofen geben und, je nach Größe, 6 bis 8 Minuten bei 160 °C Umluft (180 °C Ober-/Unterhitze) nachgaren.

**Blumenkohl mit Salzzitrone und Mandeln.** Den Blumenkohl in Röschen zerteilen, ein Röschen für die Garnitur beiseitelegen, die übrigen sehr fein hacken. Die Mandeln bei 160 °C Umluft (180 °C Ober-/Unterhitze) im Backofen etwa 10 bis 15 Minuten rösten, danach auskühlen lassen und fein hacken. Den fein gehackten Blumenkohl mit Zitronensaft und -zesten, Essig, Olivenöl, Salz und Pfeffer marinieren. Vor dem Anrichten Salzzitrone, Petersilie und Mandeln dazugeben und alles gut vermischen.

*(Ergibt 4 Portionen)*

**Gebratener Zander**
700 g Zanderfilet
Saft von 1 Zitrone
Salz
2 EL Öl

**Blumenkohl mit Salzzitrone und Mandeln**
1 Blumenkohl
100 g Mandeln, geschält
Saft und Zesten von
1 Bio-Zitrone
30 ml Weißweinessig
1 EL Olivenöl
Salz
Pfeffer
1 Salzzitrone, Schale fein gehackt
2 EL Petersilie, fein gehackt

**Beurre Blanc.** Die Schalotte und den Knoblauch im Öl anschwitzen. Danach mit dem Weißwein ablöschen. Mit Fischfond aufgießen und auf die Hälfte reduzieren, anschließend durch ein Sieb passieren. Die Butter in Würfel schneiden und in den heißen Fond montieren. Mit Zitronenzesten und Salz abschmecken.

**Anrichten.** Den marinierten Blumenkohl auf den Teller geben, den gebratenen Zander darauf anrichten und mit der aufgeschäumten Beurre Blanc umgießen. Geriebene Mandeln danebensetzen, mit dem fein geschnittenen Blumenkohlröschen, Mandelsplittern und Zitronenzesten bestreuen.

**Beurre Blanc**
1 Schalotte, fein würfelig geschnitten
1 Knoblauchzehe, fein würfelig geschnitten
2 EL Öl
100 ml Weißwein
500 ml Fischfond
*(siehe Grundrezepte, S. 388)*
200 g kalte Butter
Zesten von 1 Bio-Zitrone
Salz

**Anrichten**
Blumenkohlröschen, fein geschnitten
Geriebene Mandeln, angeröstet
Mandelsplitter
Zitronenzesten

# Pilzconsommé mit geräucherter Crème fraîche, gegrilltem grünem Spargel, Pilzen und Pilzöl

Für das Räuchern der Crème fraîche verwenden wir eine Räucherpistole, mit der wir die kräftigen Raucharomen präzis ans Ziel bringen. Die Crème fraîche bekommt so richtig Power und setzt der intensiven Pilzconsommé etwas Kräftiges entgegen.

(Ergibt 4 Portionen)

**Pilzconsommé**
100 g Champignons, in grobe Würfel geschnitten
200 g Steinpilze, in grobe Würfel geschnitten
50 g Herbsttrompeten, in grobe Würfel geschnitten
2 EL Öl
500 ml Gemüsefond
(siehe Grundrezepte, S. 388)
100 g Steinpilze, getrocknet
50 g Morcheln, getrocknet
50 g Shiitake, getrocknet
20 g Kombu-Algen
20 g Ingwer, in grobe Würfel geschnitten
50 g Schalotten, in grobe Würfel geschnitten
10 ml Sojasauce
Salz

**Geräucherte Crème fraîche**
200 g Crème fraîche
Salz

**Grüner Spargel**
4 Stangen grüner Spargel

**Pilzconsommé.** Die frischen Pilze in einer Pfanne in etwas Öl gut rösten. Den Gemüsefond aufkochen, dann die die gerösteten und die getrockneten Pilze, die Kombu-Algen, den Ingwer und die Schalotten dazugeben. 25 Minuten ziehen lassen. Danach abseihen und den Pilzfond um ein Drittel einreduzieren, zum Schluss mit Sojasauce und etwas Salz abschmecken.

**Geräucherte Crème fraîche.** Die Crème fraîche in ein Sieb mit einem Passiertuch geben und über Nacht abtropfen lassen. Die abgehangene Crème fraîche in eine Schüssel füllen und mit einer Räucherpfeife 5 Minuten räuchern, dann mit einer Prise Salz verfeinern.

**Grüner Spargel.** Den Spargel in kochendem Wasser bissfest blanchieren und dann in Eiswasser abschrecken. Später über Holzkohle angrillen oder in einer Pfanne kurz in Butter braten.

**Gebratene Pilze**
250 g Steinpilze
100 g Morcheln
100 g Champignons
1 EL Öl
Saft von ½ Zitrone
Salz

**Pilzöl**
500 g Steinpilze, getrocknet
150 ml Rapsöl

**Anrichten**
4 Champignons, roh

**Gebratene Pilze.** Alle Pilze in mundgerechte Stücke schneiden, in einer Pfanne im Öl anrösten und mit Zitronensaft und Salz abschmecken.

**Pilzöl.** Die getrockneten Steinpilze mit dem Öl bei geringer Hitze in einer Pfanne erwärmen und 2 Stunden darin ziehen lassen.

**Anrichten.** Die Pilze und den Spargel auf dem Teller platzieren, die Champignons fein darüberhobeln. Zwischen Pilze und Spargel eine Nocke Crème fraîche setzen. Mit der Pilzconsommé umgießen und etwas Pilzöl in die Consommé träufeln.

# Einkornrisotto mit eingelegtem Kürbis, Kräutern und Bergkäseschaum

Wir arbeiten mit diesem Einkorn, weil es Simon Vetter vom Vetterhof in Lustenau produziert – ein Vorarlberger Lebensmittel, das wir wie ein Risotto zubereiten. Das Gericht dient uns als vegetarisches Hauptgericht und zelebriert mit Käse und Kürbis alpinen Genuss.

**Einkornrisotto.** Den Einkorn über Nacht in Wasser einweichen. Wasser abgießen und den Einkorn in leicht gesalzenem Wasser gar kochen. Abseihen. Gemüsefond und Mascarpone in einem Topf verrühren und leicht erwärmen. Den gekochten Einkorn hineingeben und cremig kochen. Mit Zitronensaft und Salz abschmecken. Dann den geriebenen Bergkäse und die kalten Butterwürfel unterziehen.

**Gepuffter Einkorn.** Gekochten Einkorn bei 50 °C über Nacht im Ofen trocknen. Dann im 220 °C heißen Rapsöl aufpuffen lassen und mit Salz bestreuen.

**Kürbis.** Den Kürbis schälen. Eine Kürbishälfte in 3 × 3 Zentimeter große Würfel schneiden und ca. 5 Minuten in Salzwasser weich kochen. Die Kürbiswürfel mit einer Schaumkelle aus dem Wasser heben und im Kühlschrank kalt stellen. Danach die Kürbiswürfel mit einem Bunsenbrenner abflämmen oder alternativ über Holzkohle grillen und mit 20 Millilitern Essig, Öl und Zitronensaft marinieren. Eventuell noch mit 1 Prise Salz abschmecken. Die andere Kürbishälfte roh mit einer Mandoline hobeln. Dann in 180 Mil-

*(Ergibt 4 Portionen)*

### Einkornrisotto
200 g Einkorn
200 ml Gemüsefond
*(siehe Grundrezepte, S. 388)*
1 TL Mascarpone
Saft einer ½ Zitrone
Salz
50 g Bergkäse, gerieben
100 g Butter, kalt und in Würfel geschnitten

### Gepuffter Einkorn
100 g gekochter Einkorn
300 ml Rapsöl
Salz

### Kürbis
1 Butternusskürbis (ca. 1 kg)
200 ml Essig
50 ml Olivenöl
Saft von ½ Zitrone
Salz

lilitern Essig einlegen. Die Scheiben mindestens 2 Stunden im Essig liegen lassen. Danach herausnehmen und mit einer Ausstechform (3 Zentimeter Durchmesser) rund ausstechen.

**Bergkäseschaum.** Zwiebeln und Fenchel in einem Topf im Öl anrösten, dann mit Weißwein und Noilly Prat ablöschen. Mit dem Gemüsefond aufgießen und aufkochen, ca. 15 Minuten köcheln lassen. Danach den Schlagobers eingießen und alles weiterköcheln lassen. Wenn die Flüssigkeit auf die Hälfte einreduziert ist, den Käse hinzufügen und mit einem Stabmixer aufschäumen.

**Kräutersalat.** Die Kräuter mit Zitronensaft, Olivenöl und Salz marinieren.

**Anrichten.** Das Einkornrisotto in der Mitte des Tellers anrichten und den Bergkäseschaum danebensetzen. Den abgeflämmten bzw. gegrillten Kürbis auf dem Einkornrisotto verteilen, die in Essig gepickelten Kürbisscheiben aufdrehen und ebenfalls auf dem Risotto anrichten. Den Kräutersalat daraufsetzen. Zuletzt den gepufften Einkorn darüberstreuen.

**Bergkäseschaum**
2 Zwiebeln, klein würfelig geschnitten
1 Fenchelknolle, klein würfelig geschnitten
20 ml Öl
200 ml Weißwein
20 ml Noilly Prat
250 ml Gemüsefond
*(siehe Grundrezepte, S. 388)*
200 ml Schlagobers
150 g Bergkäse, gerieben

**Kräutersalat**
Kräutermischung
(nach Belieben und Saison)
Saft von ½ Zitrone
1 EL Olivenöl
Salz

# Sellerierose mit Sellerie-Apfel-Salat und Sellerieschaum

Eine Hommage an den Waldorf-Salat mit seiner genialen Kombination von Sellerie und Apfel. Die Idee dazu stammt von meinem amerikanischen Freund Steve Ortiz.

*(Ergibt 4 Portionen)*

**Sellerierose**
1 Sellerieknolle

**Sellerieschaum**
1 Sellerieknolle, in grobe Würfel geschnitten
2 Zwiebeln, in feine Würfel geschnitten
2 Knoblauchzehen, gerieben
2 EL Öl
250 ml Weißwein
250 ml Gemüsefond
*(siehe Grundrezepte, S. 388)*
500 ml Schlagobers
150 g Butter, kalt und in Würfel geschnitten
Saft von einer ½ Limette
Salz

**Sellerierose.** Den geschälten Sellerie in etwa 1 Millimeter dünne Scheiben schneiden, am besten mit einer Aufschnittmaschine. Die Scheiben mit einer runden Ausstechform (6 Zentimeter Durchmesser) ausstechen und halbieren, sodass Halbmonde entstehen. Diese in kochendem Wasser 15 Sekunden blanchieren, in Eiswasser abschrecken und trocknen. Die getrockneten Selleriescheiben überlappend in einer Reihe auflegen und anschließend zu einer Rose aufrollen.

**Sellerieschaum.** Sellerie, Zwiebeln und Knoblauch im Öl anbraten. Wenn das Gemüse eine goldgelbe Farbe angenommen hat, mit dem Weißwein ablöschen. Leicht einkochen lassen, dann mit dem Gemüsefond aufgießen und den Sellerie darin garen. Wenn der Sellerie weich ist, den Schlagobers dazugeben, fein mixen und anschließend durch ein feines Sieb passieren. Den Schaum noch einmal leicht erwärmen und die kalte Butter mit einem Stabmixer einarbeiten. Mit Limettensaft und Salz abschmecken.

**Sellerie-Apfel-Salat**
2 Stangen Staudensellerie, von den Fasern befreit
4 Äpfel, halbiert und entkernt
Saft von 1 Limette

100 g Pinienkerne
Salz

**Marinade**
50 g Crème fraîche
50 ml Apfelessig
1 TL Olivenöl
Zesten von 1 Bio-Limette
Salz + Pfeffer
Zucker

**Sellerie-Apfel-Salat.** Den Stangensellerie in feine Scheiben schneiden. Die Apfelhälften in ca. 3 Millimeter dünne Scheiben schneiden, am besten mit einer Aufschnittmaschine, anschließend in feine Streifen schneiden. Mit Limettensaft beträufeln, damit sie nicht braun werden, und zum Stangensellerie geben. Die Pinienkerne in einer beschichteten Pfanne goldgelb rösten und leicht salzen. Einige Apfel- und Selleriestücke beiseitestellen. Für die Marinade die Crème fraîche, den Apfelessig und das Olivenöl glatt rühren und mit Limettenzesten, Salz, Pfeffer und Zucker abschmecken.

**Anrichten.** Stangensellerie und Apfel mit dem Dressing marinieren und mithilfe eines Servierrings auf dem Teller anrichten. Die Sellerierose auf den Salat setzen. Fein geschnittene Apfel- und Selleriestücke anlegen. Den Schaum erwärmen, mit dem Stabmixer aufschäumen und auf die Teller löffeln. Die gerösteten Pinienkerne darüberstreuen.

# Perlhuhnbrust und Perlhuhn-Ragout mit Vin-Jaune-Sabayon und Trüffeln

Das wunderbare Perlhuhn stammt vom Geflügelzüchter Marcus Lins, von dem wir auch unsere Enten beziehen. Er züchtet die Tiere extra für uns, je nach Bedarf. Der Geschmackskick kommt vom Vin Jaune, einem sehr speziellen Wein aus dem Jura, der stark oxidativ ist und dem Gericht Charakter verleiht.

**Perlhuhnbrust.** Die Keulen der Perlhühner auslösen und für das Ragout beiseitestellen. Die Hühner innen salzen und mit den Zitronenvierteln, dem Rosmarin und dem Thymian füllen, außen leicht mit Öl einreiben und gut salzen. Auf ein Gitter legen und bei 180 °C Umluft (200 °C Ober-/Unterhitze) je nach Größe ca. 35 bis 40 Minuten im Ofen braten. Wenn die Perlhuhnbrüste fertig sind, von der Karkasse lösen und 15 Minuten an einem warmen Ort rasten lassen.

**Perlhuhn-Ragout.** Die Perlhuhnkeulen salzen und in einem Topf im Öl goldgelb anbraten. Dann herausnehmen und das Wurzelgemüse im selben Topf so lange anbraten, bis es Farbe angenommen hat. Die Zwiebel dazugeben und leicht mitrösten, anschließend das Tomatenmark einrühren und ebenfalls kurz anrösten. Mit dem Rotwein ablöschen. Den Wein etwas einkochen lassen, dann mit dem Geflügelfond aufgießen. Die Keulen in den Fond legen, sie sollen mit der Sauce bedeckt sein. Den Topf in den Backofen stellen und das Fleisch in etwa 2 Stunden bei 120 °C Umluft (140 °C Ober-/Unterhitze) fertig garen. Wenn die Keulen gar sind, aus der Sauce nehmen, beiseitestellen und abkühlen lassen. Die Sauce durch ein Sieb passieren und dann reduzieren, bis sie die gewünschte sämige Konsistenz hat. Das Fleisch der abge-

*(Ergibt 4 Portionen)*

**Perlhuhnbrust**
2 Perlhühner
2 Bio-Zitronen, geviertelt
4 Zweige Rosmarin
4 Zweige Thymian
2 EL Öl
Salz

**Perlhuhn-Ragout**
4 Perlhuhnkeulen
2 EL Öl
500 g Wurzelgemüse, in grobe Würfel geschnitten
2 Zwiebeln, in grobe Würfel geschnitten
2 EL Tomatenmark
250 ml Rotwein, trocken
1 l Geflügelfond
*(siehe Grundrezepte, S. 389)*
Salz

4 Schalotten, in feine Würfel geschnitten
3 Knoblauchzehen, gerieben
1 EL Öl
Diverse frische Kräuter, fein gehackt (etwa Rosmarin, Thymian, Majoran)

kühlten Keulen von den Knochen lösen und in kleine Würfel schneiden. Die Schalotten mit dem Knoblauch im Topf im Öl leicht anbraten. Das in Würfel geschnittene Fleisch dazugeben, mit etwas Sauce aufgießen und mit den Kräutern und Salz abschmecken.

**Vin-Jaune-Sabayon.** Den Vin Jaune in einem kleinen Topf erhitzen, auf die Hälfte reduzieren und abkühlen lassen. Das Eigelb mit dem Geflügelfond, dem reduzierten Wein und dem Obers über einem Wasserbad so lange aufschlagen, bis eine homogene Masse entsteht. Mit Zitronensaft und Salz abschmecken.

**Anrichten.** Das Perlhuhn-Ragout auf einem Teller anrichten, Sabayon dazugeben. Die Perlhuhnbrust aufschneiden und neben dem Ragout platzieren. Frische Trüffel darüberhobeln oder eingelegte Trüffel in feine Scheiben schneiden und daraufsetzen. Ragout mit etwas frisch geschnittenem Schnittlauch bestreuen.

**Vin-Jaune-Sabayon**
100 ml Vin Jaune
125 g Eigelb
160 ml Geflügelfond
*(siehe Grundrezepte, S. 389)*
30 ml Schlagobers
Saft von ½ Zitrone
Salz

**Trüffel**
Frische oder eingelegte Périgord-Trüffel, je nach Saison

**Anrichten**
Schnittlauch

# Gegrillte Taubenbrust mit Yakitori-Taubenhaxe, Grünkohl, Zwetschke und gepufftem Buchweizen

Die Tauben beziehen wir aus dem Burgenland, die Methode der Zubereitung stammt aus Japan. Die Taubenhaxen werden in einer Mischung aus Sake, Mirin und Sojasauce eingelegt und anschließend auf dem japanischen Tischgrill bei extrem hohen Temperaturen gegrillt. Eine Verbindung von nahen und fernen Kulturen.

**Yakitori-Taubenhaxe und gegrillte Taubenbrust.** Taubenbrüste und -keulen auslösen. Die Keulen in ein Ölbad legen und im Backofen bei 60°C Umluft (80°C Ober-/Unterhitze) in etwa 5 Stunden confieren. Die fertig confierten Keulen aus dem Öl nehmen und in einer Pfanne in etwas Öl auf der Hautseite leicht anbraten. Dann mit der Yakitori-Sauce bestreichen und an einem warmen Ort ca. 15 Minuten rasten lassen. Die Taubenbrüste gut salzen und auf dem Grill zuerst die Hautseite ca. 2 bis 3 Minuten braten. Mit brauner Butter bestreichen, dann auf der Fleischseite ebenfalls ca. 2 bis 3 Minuten braten. Die Taubenbrüste vom Grill nehmen und 10 Minuten rasten lassen. Vor dem Anrichten noch einmal ganz kurz angrillen.

**Yakitori-Sauce.** Sojasauce, Sake, Mirin und Zucker in einem kleinen Topf vermischen und so lange kochen, bis die Sauce eine sirupartige Konsistenz angenommen hat. Anschließend kalt stellen.

*(Ergibt 4 Portionen)*

**Yakitori-Taubenhaxe und gegrillte Taubenbrust**
2 Tauben
Öl zum Confieren
1 Menge Yakitori-Sauce
*(siehe unten)*

Salz
30 ml braune Butter
*(Rezept siehe S. 367)*

**Yakitori-Sauce**
100 ml Sojasauce
100 ml Sake
100 ml Mirin
100 g Kristallzucker

**Taubenjus**
2 Taubenkarkassen
1 EL Öl
500 g Wurzelgemüse, in grobe Würfel geschnitten
2 Zwiebeln, in grobe Würfel geschnitten
2 EL Tomatenmark
250 ml Rotwein
250 ml roter Portwein
1 l Geflügelfond
*(siehe Grundrezepte, S. 389)*
50 g Honig
Salz

**Grünkohl**
400 g Grünkohl, Stiel entfernt und in feine Streifen geschnitten
Saft von ½ Zitrone
20 ml helle Sojasauce
30 ml braune Butter
*(Rezept siehe S. 367)*
Salz

**Gepuffter Buchweizen**
200 g Buchweizen
500 ml Öl zum Frittieren

**Zwetschken**
4 Zwetschken

**Taubenjus.** Die Taubenkarkassen klein hacken und in einem Topf mit dem Öl gut anrösten. Wurzelgemüse und Zwiebeln dazugeben und mitbraten. Das Tomatenmark hinzufügen und leicht anrösten, dann mit dem Rotwein und dem Portwein ablöschen. Den Wein ein wenig einkochen und mit dem Geflügelfond auffüllen. Etwa 2 Stunden leicht köcheln lassen und anschließend durch ein Sieb abseihen. Den Jus nochmals auf den Herd stellen und so lange reduzieren, bis er sämig geworden ist. Mit Honig und Salz abschmecken.

**Grünkohl.** Grünkohlstreifen in Salzwasser ca. 1 ½ Minuten blanchieren und in Eiswasser abschrecken. Mit Zitronensaft, Sojasauce, brauner Butter und Salz abschmecken.

**Gepuffter Buchweizen.** Den Buchweizen in einem Topf in Salzwasser so lange kochen, bis er ganz weich ist. Auf einem Blech verteilen und im Backofen bei 50 °C Umluft (70 °C Ober-/Unterhitze) über Nacht trocknen. Das Öl in einem hohen Topf auf 200 °C erhitzen und den Buchweizen ganz kurz darin frittieren, bis er aufpufft.

**Zwetschen.** Zwetschken roh in sehr feine Scheiben schneiden.

**Anrichten.** Taubenbrust und -keule auf dem Teller anrichten. Den Grünkohl daneben setzen, die Zwetschkenscheiben trichterförmig einrollen und anlegen. Mit Jus übergießen und mit gepufftem Buchweizen bestreuen.

# Gedämpfter Rehrücken mit gegrillter Roter Rübe, Rote-Rüben-Vinaigrette und Rote-Rüben-Chips

Unser Wild ist in der Regel selbst geschossen. Der Chef und ich gehen selbst auf die Pirsch, erlegen das Tier und schlagen es aus der Decke. So schließt sich der Kreislauf von Jäger und Koch.

**Gedämpfter Rehrücken.** Den Rehrücken auslösen, das Fleisch parieren und die Silberhaut entfernen. Die Rehknochen in grobe Stücke hacken und im Backofen bei 180°C Umluft (200°C Ober-/Unterhitze) 20 Minuten rösten. Das Wurzelgemüse und die Zwiebel in einem Topf im Öl anbraten. Das Tomatenmark hinzufügen und kurz mitrösten, dann mit Rotwein und Portwein ablöschen und mit Geflügelfond aufgießen. Den Jus 2 Stunden köcheln lassen. Dann Wacholderbeeren, Lorbeerblätter und Pfefferkörner hineingeben und eine halbe Stunde mitkochen. Den Jus durch ein Sieb passieren und auf ein Drittel einkochen. Zum Schluss noch mit einer Prise Salz abschmecken. Den Rehrücken portionieren, salzen und auf jeder Seite 3 bis 4 Minuten dämpfen, entweder im Dampfgarer oder im Bambuskorb über einem Topf mit kochendem Wasser.

**Gegrillte Rote Rüben.** Die Roten Rüben in Salzwasser kochen, bis sie weich sind. Danach in kaltem Wasser abschrecken, schälen und in Spalten schneiden. Den Rote-Rüben-Saft mit dem Balsamico verrühren und in einem Topf auf ein Viertel einkochen, die Rote-Rüben-Spalten einlegen und über Nacht darin ziehen lassen. Anschließend die Roten Rüben trocken tupfen und über Holzkohle grillen, dabei immer wieder mit Öl bepinseln.

*(Ergibt 4 Portionen)*

**Gedämpfter Rehrücken**
1 Rehrücken
400 g Wurzelgemüse, in grobe Würfel geschnitten
1 Zwiebel, in grobe Würfel geschnitten
2 EL Öl
40 g Tomatenmark
200 ml Rotwein
200 ml roter Portwein
1 l Geflügelfond
*(siehe Grundrezepte, S. 389)*
Wacholderbeeren
Lorbeerblätter
Schwarze Pfefferkörner
Salz

**Gegrillte Rote Rüben**
2 Rote Rüben
300 ml Rote-Rüben-Saft
50 ml dunkler Balsamico
Salz
Öl zum Bepinseln

**Rote-Rüben-Vinaigrette.** Rote-Rüben-Saft, Balsamico, Portwein und Sojasauce in einem Topf verrühren und auf die Hälfte einkochen. Das Olivenöl hineingeben und mit Zitronensaft und -zesten, Salz und Pfeffer abschmecken.

**Rote-Rüben-Chips.** Die Rote Rübe schälen und in ca. 1 Millimeter dünne Scheiben schneiden. Das Rapsöl in einen Topf gießen. Die Rote-Rüben-Scheiben in das noch kalte Rapsöl legen. Dann das Öl langsam auf ca. 160°C erhitzen, die Roten Rüben etwa 4 Minuten darin frittieren. Rote-Rüben-Chips mit einem Schaumlöffel aus dem Öl heben und auf Küchenpapier abtropfen lassen. Danach mit Salz würzen.

**Anrichten.** Den gedämpften Rehrücken und die gegrillten Roten Rüben auf dem Teller anrichten. Den Rehrücken mit Rehjus, die Roten Rüben mit Roter-Rüben-Vinaigrette übergießen. Rote-Rüben-Chips und Sauerampferblätter daraufsetzen.

**Rote-Rüben-Vinaigrette**
300 ml Rote-Rüben-Saft
100 ml dunkler Balsamico
100 ml roter Portwein
20 ml Sojasauce
Saft und Zesten von
1 Bio-Zitrone
Salz + Pfeffer
40 ml Olivenöl

**Rote-Rüben-Chips**
1 Rote Rübe
200 ml Rapsöl
3 g Salz

**Anrichten**
Sauerampfer

# Saibling im Salzteig mit Zitronensauce und Fenchel-Orangen-Salat

Die Garmethode ist mediterran, der Fisch aus dem Zuger Fischteich. Wir spicken den Saibling mit Kräutern aus dem Garten oder den nahen Wiesen und bereiten den Fisch unter dem Salz auf maximal schonende Weise zu.

*(Ergibt 4 Portionen)*

**Salzteig**
800 g Salz
450 g Mehl
240 ml Wasser
120 g Eiweiß

**Saibling im Salzteig**
1,2 kg Saibling im Ganzen
20 g Zitronenverbene
20 g Rosmarin
Fenchelgrün
2 Bio-Zitronen, in Scheiben geschnitten

**Zitronensauce**
100 ml Schlagobers
200 kalte Butter, in Würfel geschnitten
Zesten von 1 Bio-Zitrone
10 g Piment d'Espelette
Salz
100 g Forellenkaviar

**Salzteig.** Salz und Mehl gut vermischen, dann Wasser und Eiweiß untermengen und alles verkneten, bis eine kompakte, zähe Masse entstanden ist.

**Saibling im Salzteig.** Den Fisch mit den Kräutern, dem Fenchelgrün und den Zitronenscheiben füllen. Dann den Salzteig ausrollen, den ganzen Fisch darin einhüllen, auf ein mit Backpapier belegtes Blech legen und bei 180°C Umluft (200°C Ober-/Unterhitze) 20 Minuten backen.

**Zitronensauce.** Den Schlagobers aufkochen und auf die Hälfte reduzieren, dann die kalten Butterwürfel einmontieren. Mit Zitronenzesten, Piment d'Espelette und Salz abschmecken. Den Forellenkaviar einrühren.

**Fenchel-Orangen-Salat.** Den Fenchel ganz dünn aufschneiden, am besten mit einer Aufschnittmaschine. Das Fenchelgrün beiseitelegen. Die Orangen filetieren, den Orangensaft aus dem Rest pressen und für die Vinaigrette auffangen. Die Orangenfilets mit dem Fenchel vermischen. Für die Vinaigrette das Olivenöl und den Orangensaft mit Calamansi-Essig und Salz verquirlen.

**Anrichten.** Den Salzteigmantel mittig der Länge nach aufschneiden, die obere Hälfte aufklappen. Die Fischfilets herauslösen und in Rechtecke schneiden. Den Fenchel-Orangen-Salat auf den Teller geben, Saiblingsstücke daneben setzen. Mit der Zitronensauce übergießen und mit Fenchelgrün bestreuen.

**Fenchel-Orangen-Salat**
2 Fenchelknollen mit Grün
2 Orangen, filetiert
20 g Olivenöl
1 EL Calamansi-Essig
Salz

**Anrichten**
Fenchelgrün

# Gedämpfter Zander mit Zanderkarkassensud, Flusskrebsen und Spitzkraut

Für den Sud werden die Knochen und Karkassen des Zanders angeröstet. Aus dem Ergebnis ziehen wir einen kräftigen, dynamischen Sud. Darin werden auch die Flusskrebse vom Gut Dornau erwärmt, wodurch eine harmonische Gesamtkomposition entsteht.

*(Ergibt 4 Portionen)*

**Zanderkarkassensud**
1 kg Zander
50 ml Öl
40 g Schalotten, grob geschnitten
10 g Knoblauch, grob geschnitten
50 g Karotten, grob geschnitten
50 g Stangensellerie, grob geschnitten
100 g Champignons, halbiert
20 Kombu-Algen
50 cl Weißwein
50 cl Noilly Prat
300 ml Fischfond
*(siehe Grundrezepte, S. 388)*
Saft von ½ Zitrone
Salz
50 ml Schlagobers
100 g kalte Butter, in Würfel geschnitten

**Gedämpfter Zander**
Zanderfilets
Saft von 1 Zitrone
Salz

**Zanderkarkassensud.** Den Zander waschen, schuppen, trocken tupfen, filetieren und die Gräten entfernen. Die Haut von den Filets abziehen und beiseitestellen. Den Fischkopf und die Karkassen in einem Topf in dem Öl kräftig anrösten. Dann Schalotten, Knoblauch, Karotten, Sellerie, Champignons und Kombu-Algen mitbraten. Nach 5 Minuten mit Weißwein und Noilly Prat ablöschen. Danach auf die Hälfte einkochen. Den Fischfond angießen und die Flüssigkeit wieder auf die Hälfte reduzieren. Anschließend alles durch ein Spitzsieb abseihen, dann mit Salz und Zitronensaft abschmecken. Vor dem Anrichten die Sauce mit einem Zauberstab mit dem Obers aufmixen, kalte Butterwürfel einmontieren.

**Gedämpfter Zander.** Die Zanderfilets in 4 Portionen zerteilen. Die Fischstücke in einen Bambuskorb legen und, je nach Größe, 8 bis 10 Minuten dämpfen. Anschließend mit Zitronensaft beträufeln und mit Salz bestreuen.

**Flusskrebse**
12 Flusskrebse

**Glasiertes Spitzkraut**
½ Spitzkrautkopf
30 g Butter
20 g Ingwer, in Scheiben geschnitten
Salz

**Anrichten**
Rucolablüten

**Flusskrebse.** Die Krebse in sprudelnd kochendem Wasser 3 Minuten kochen. Danach in Eiswasser abschrecken. Köpfe abdrehen, Scheren abtrennen. Die Krebsschwänze auslösen und die Därme entfernen. Später die Scheren und die Krebsschwänze im Zanderkarkassensud leicht erwärmen.

**Glasiertes Spitzkraut.** Die Blätter des Spitzkrauts mit einer Ausstechform (8 Zentimeter Durchmesser) rund ausstechen. Dann kurz in kochendem Wasser blanchieren. Die Butter in einer Pfanne schmelzen und den Ingwer hineingeben. Das Spitzkraut 3 Minuten lang darin glasieren. Zum Schluss mit Salz würzen. Vor dem Anrichten kurz angrillen oder mit dem Bunsenbrenner abflämmen.

**Anrichten.** Zanderfilet am Teller platzieren, Flusskrebsfleisch daraufsetzen. Die Spitzkrautkreise anlegen und mit dem Zanderkarkassensud umgießen. Rucolablüten darüberstreuen.

# Gebratener Lammrücken mit Topinamburpüree, Topinambur-Chips, Bärlauchsauce und Schnittlauchöl

Der Trick bei diesem Rezept besteht darin, dass wir den Lammrücken zuerst lang reifen lassen und dann, beim Anbraten in der Pfanne, einen Teil des Fetts auslassen. Dadurch bildet das Fleisch im Ofen eine feine, knusprige Kruste aus, die perfekt mit dem Schmelz des übriggebliebenen Fetts harmoniert.

**Gebratener Lammrücken.** Den Lammrücken salzen, auf der Hautseite anbraten und das Fett auslassen. Danach auf den anderen Seiten anbraten. In den Backofen schieben und das Fleisch bei 140 °C Umluft (160 °C Ober-/Unterhitze) rosa garen, danach 10 Minuten rasten lassen.

**Topinamburpüree.** Obers und Wasser in einem Topf zum Kochen bringen und die Topinamburstücke darin weich kochen. Dann mit einem Stabmixer pürieren. Die Butter nach und nach dazugeben und das Püree mit Salz abschmecken.

**Topinambur-Chips.** Topinambur auf einer Mandoline in sehr dünne Scheiben hobeln und in 150 °C heißem Fett frittieren. Sobald die Chips goldbraun sind, mit einem Schaumlöffel herausheben, auf Küchenpapier abtropfen lassen und salzen.

*(Ergibt 4 Portionen)*

**Gebratener Lammrücken**
800 g Lammrücken
Salz

**Topinamburpüree**
250 g Topinambur, in Stücke geschnitten
100 ml Schlagobers
100 ml Wasser
50 g Butter, kalt und in Würfel geschnitten
Salz

**Topinambur-Chips**
200 g Topinambur
Fett zum Frittieren
Salz

**Bärlauchsauce.** Schalotte und Knoblauch anschwitzen, dann die Kräuter unterziehen und mit Obers und Brühe aufgießen. Einmal kurz aufkochen lassen. Alles im Standmixer fein pürieren, mit Salz und Pfeffer abschmecken und auf Eis abkühlen, damit die frische grüne Farbe der Sauce erhalten bleibt. Kurz vor dem Servieren mit dem Zauberstab aufschäumen.

**Schnittlauchöl.** Den Schnittlauch mit dem Rapsöl zu einer feinen, homogenen Paste vermixen. Dann durch ein Sieb mit Passiertuch gießen und das Öl abtropfen lassen.

**Anrichten.** Lammrücken auf dem Teller platzieren. Das Topinamburpüree daneben anrichten, die Topinambur-Chips daraufsetzen. Mit der aufgeschäumten Bärlauchsauce umgießen, ein paar Tropfen Schnittlauchöl hineinträufeln.

**Bärlauchsauce**
1 Schalotte, fein gehackt
2 Knoblauchzehen, fein gehackt
Fett zum Anschwitzen
200 g Bärlauch, fein gehackt
1 Bund Spinat, fein gehackt
1 Bund Schnittlauch, fein gehackt
1 Bund Petersilie, fein gehackt
250 ml Schlagobers
100 ml Hühnerbrühe
Salz + Pfeffer

**Schnittlauchöl**
200 g Schnittlauch, in grobe Stücke geschnitten
100 g Rapsöl
1 Prise Salz

# Apfel-Sauerampfer-Sorbet mit Gin

Wir verwenden einen Gin aus Vorarlberg, der auf dem Vetterhof in Lustenau gemacht wird. Das Sorbet mit Äpfeln und Sauerampfer hat einen säuerlich-kühlenden Charakter. In unserem Menü ist es ein „palate cleanser", der die Gäste fit macht für den nächsten Gang.

*(Ergibt 4 Portionen)*

**Apfel-Sauerampfer-Sorbet mit Gin**
500 ml Apfelsaft
60 g Invertzucker
160 g Glukose
1 Blatt Gelatine
100 ml Wasser
40 ml Zitronensaft
4 cl Gin
100 g Sauerampfer, grob gehackt

**Anrichten**
4 EL Gin
Sauerampferblätter

**Apfel-Sauerampfer-Sorbet mit Gin.** Die Gelatine einweichen. Den Apfelsaft leicht erwärmen und darin Invertzucker, Glukose und die Gelatine auflösen. Danach das Wasser, den Zitronensaft und den Gin dazugeben. Das Ganze dann mit dem Sauerampfer aufmixen und durch ein Sieb abseihen. In einer Eismaschine oder im PacoJet gefrieren lassen.

**Anrichten.** Eine Kugel Eis abstechen und in einer Schale anrichten. Gin angießen und mit einem Sauerampferblatt garnieren.

# Zugerbombe

Der Name dieses hübschen Desserts ist eine Anspielung
auf die legendäre Schwedenbombe – einen österreichischen Klassiker,
den wirklich jeder liebt.

**Teig.** Mehl, Backpulver und Zucker vermengen. Dann die Butter in die trockenen Zutaten einarbeiten, das Eigelb und eine Prise Salz dazugeben. Gut verkneten, dicht in eine Frischhaltefolie einschlagen und 1 Stunde kalt stellen. Danach ca. 3 Millimeter dünn ausrollen und mit einer runden Ausstechform (4 Zentimeter Durchmesser) ausstechen. Teigscheiben auf ein mit Backpapier ausgelegtes Blech geben, in den Backofen schieben und bei 160 °C 10 Minuten backen. Herausnehmen und abkühlen lassen.

**Italienische Meringue.** Das Eiweiß mit 20 Gramm Zucker aufschlagen. Die Gelatine in Wasser einweichen. Glukose und 80 Gramm Zucker in einem Topf auf 118 °C erhitzen und langsam unter ständigem Rühren in das geschlagene Eiweiß gießen. Danach die eingeweichte Gelatine in die noch warme Masse einrühren und ca. 2 Minuten kalt rühren. Die Eiweißmasse in einen Spritzbeutel füllen, auf die Teigböden aufdressieren und mindestens 1 Stunde kalt stellen.

**Schokoladenglasur.** Obers erhitzen, über die Kuvertüre geben und verrühren, bis sie sich vollständig darin aufgelöst hat. Die Teigscheiben mit der aufgespritzten Meringue auf ein Backgitter stellen und mit der Schokoladenglasur übergießen. Danach noch einmal 1 Stunde kalt stellen.

*(Ergibt 4 Portionen)*

**Teig**
100 g Mehl
2 g Backpulver
40 g Staubzucker
75 g kalte Butter, in Würfel geschnitten
1 Eigelb
Salz

**Italienische Meringue**
120 g Eiweiß
20 g Zucker
2 Blatt Gelatine

75 ml Glukose
80 g Zucker

**Schokoladenglasur**
50 ml Schlagobers
100 g dunkle Kuvertüre

# Walderdbeer-Zitronen-Tartelettes mit italienischer Meringue

Der wichtigste Teil der Arbeit an diesem Dessert besteht darin, die Beeren zu suchen. Das dauert und ist anstrengend – aber der unvergleichliche Geschmack frisch geernteter Walderdbeeren entschädigt dafür.

*(Ergibt 4 Portionen)*

**Tartelettes.** Das Mehl mit Staubzucker, Ei, kalten Butterwürfeln und Salz zu einem geschmeidigen Teig verarbeiten. Den Teig fest in Frischhaltefolie einschlagen und 1 Stunde kalt stellen. Den Teig dünn ausrollen, ausstechen, zwischen zwei Tarteletteformen (4,5 Zentimeter Durchmesser) pressen und im Backofen bei 160 °C Umluft (180 °C Ober-/Unterhitze) in 10 bis 12 Minuten goldbraun backen.

**Zitronencreme.** Die Eier mit dem Zucker schaumig aufschlagen. Die Gelatine in kaltem Wasser einweichen. Den Obers in einem Topf erwärmen, vom Herd nehmen und mit der Zucker-Ei-Mischung vermengen. Den Topf dann wieder auf den Herd setzen und die Masse unter ständigem Rühren erhitzen, bis sie cremig wird. Vom Herd nehmen, mit Zitronensaft und -zesten abschmecken. Die aufgelöste Gelatine hineingeben und die Creme mit einer Prise Salz abschmecken. Die Zitronencreme in einen Spritzbeutel füllen und mindestens 1 Stunde kalt stellen.

**Tartelettes**
250 g Mehl, glatt
80 g Staubzucker
1 Ei
120 g kalte Butter, in Würfel geschnitten
1 Prise Salz

**Erdbeeren**
100 g Walderdbeeren (alternativ Erdbeeren, in dünne Scheiben geschnitten)

**Zitronencreme**
Saft und Zesten von 3 Bio-Zitronen
120 g Zucker
3 Eier
1 Blatt Gelatine
125 ml Schlagobers
Salz

**Italienische Meringue**
70 g Eiweiß
130 g Zucker
60 ml Wasser
Saft von 1 Zitrone

**Anrichten**
Steinkleeblüten
Pimpinelleblätter

**Italienische Meringue.** Das Eiweiß mit 50 Gramm Zucker gut aufschlagen. Nebenbei 80 Gramm Zucker mit dem Wasser aufkochen und auf 118 °C erhitzen. Den Läuterzucker dann in den Eischnee gießen. Die Masse noch einmal gut aufschlagen und den Zitronensaft einrühren. Die fertige Masse in einen Spitzbeutel füllen.

**Anrichten.** Zitronencreme in die Tartelettes spritzen, Walderdbeerscheiben auf der Creme anrichten. Die italienische Meringue darauf dressieren und mit einem Bunsenbrenner abflämmen. Steinkleeblüten und Pimpinelle daraufsetzen.

# Krokant mit Frischkäsemousse, Heidelbeersorbet und marinierten Heidelbeeren

Die wilden Heidelbeeren werden von uns in der Regel selbst gepflückt. Wir marinieren sie in Zitronenzucker und verarbeiten sie quer durch alle Konsistenzen — gekocht, püriert, gefroren und einfach roh.

*(Ergibt 4 Portionen)*

**Krokant**
120 g Glukose
180 g Fondant
40 g Mandeln, gehobelt

**Frischkäsemousse**
100 g Eigelb
50 g Zucker
3 Blatt Gelatine
15 g Schlagobers
150 g Frischkäse
170 g Schlagobers
Saft von 1 Zitrone

**Krokant.** Glukose und Fondant in einen Topf geben und bei niedriger Temperatur erhitzen, bis die Mischung zu karamellisieren beginnt. Dann die Mandeln dazugeben und mitkaramellisieren. Die Masse vorsichtig dünn auf ein Metallblech leeren und auskühlen lassen. Wenn der Krokant kalt ist, in grobe Stücke brechen und in einem Cutter zu einem feinen Pulver vermixen. Das Pulver mithilfe einer rechteckigen Schablone (ca. 20 × 4 Zentimeter) ca. 2 Millimeter dick auf eine Silikon-Matte streuen, anschließend im Ofen bei 160 Grad Oberhitze schmelzen. Die noch flexible Krokantmasse um einen Ring (8 Zentimeter Durchmesser) schlagen und auskühlen lassen. Den so entstandenen Krokantring danach einfach abziehen.

**Frischkäsemousse.** Eigelb und Zucker über dem Wasserbad schaumig schlagen und auf 75 Grad erhitzen. Die Gelatine in kaltem Wasser einweichen. 15 Gramm Obers erwärmen und die Gelatine darin auflösen. Die Obers-Gelatine-Mischung in die Eigelb-Zucker-Mischung einrühren, dann den Frischkäse unterrühren. Danach den Obers aufschlagen und unterheben. Zum Schluss den Zitronensaft dazugeben. Die Frischkäsemousse in einen Spritzbeutel füllen und mindestens 1 Stunde kalt stellen.

**Heidelbeersorbet.** Die Milch aufkochen und die Heidelbeeren dazugeben. 5 Minuten köcheln lassen. Dann den Zucker, Zitronensaft und -zesten dazugeben. Die Masse fein pürieren, durch ein Sieb passieren und anschließend in einer Eismaschine oder im PacoJet gefrieren.

**Marinierte Heidelbeeren.** Marinierte Heidelbeeren. Die Hälfte der Heidelbeeren mit dem Zucker in einen Topf füllen und etwa 20 Minuten köcheln lassen. Danach die Masse mit Zitronensaft abschmecken, pürieren und abkühlen lassen. Die restlichen Heidelbeeren roh halbieren und im abgekühlten Heidelbeermark durchziehen lassen.

**Anrichten.** Den Krokantring auf einen Teller setzen, die Frischkäsemousse in den Ring dressieren. Die marinierten Heidelbeeren darauf verteilen. Eine Kugel Heidelbeersorbet abstechen und daraufsetzen. Mit Minzblättern dekorieren.

**Heidelbeersorbet**
100 ml Milch
300 g Heidelbeeren
30 g Zucker
Saft und Zesten
von 1 Bio-Zitrone

**Marinierte Heidelbeeren**
200 g Heidelbeeren
50 g Zucker
Saft von 1 Zitrone

**Anrichten**
Minzblätter

# Lavendel-Stachelbeer-Macarons

Ein Gericht, das viel Übung braucht, nein, wahrscheinlich noch mehr Übung. Die Kombination von Stachelbeere und Lavendel passt ideal zum zarten Crunch der Macarons.

*(Ergibt 40 Macarons)*

**Macarons**
55 g Eiweiß (ca. 3 große Eier)
160 g Mandelmehl
160 g Staubzucker
3 g violette Lebensmittelpaste

55 g Eiweiß
150 g Zucker

50 ml Wasser
30 g Zucker

**Macarons.** Für die Zubereitung der Macarons ist es sehr wichtig, dass man die Eier mindestens 2 Tage vorher trennt und das Eiweiß dann abgedeckt im Kühlschrank stehen lässt.

Das Mandelmehl mit dem Staubzucker in einem Cutter zusammen mixen. Dann in eine Schüssel geben und mit 55 Gramm Eiweiß und der violetten Lebensmittelfarbe verrühren. Die anderen 55 Gramm Eiweiß auf niedriger Stufe mit Zucker schlagen und nebenbei einen Topf mit Wasser und Zucker zum Kochen bringen. Das Zuckerwasser auf 114°C erhitzen und dann langsam in das geschlagene Eiweiß einfließen lassen. Das Eiweiß danach auf niedriger Stufe ca. 2 Minuten kalt rühren. Diese Eiweißmasse unter die Mandelmasse rühren. Solange einrühren, bis die Masse schön von der Teigkarte rinnt. Die Masse dann in einen Spritzbeutel geben und ca. 3 Zentimeter große Macarons auf eine Silikon-Matte dressieren. Den Ofen auf 140 Grad vorheizen. Die Macarons für 30 Minuten auf der Matte antrocknen lassen. Dann bei schwacher Ventilation für 18 Minuten backen, bis sie die typischen Füßchen bekommen.

**Lavendel-Ganache.** Obers erwärmen und den Lavendel für 5 Minuten darin ziehen lassen. Danach durch ein Sieb passieren und nochmals erhitzen. Das Eigelb in den Obers rühren, damit die Masse abbindet. Die Gelatine in kaltem Wasser einweichen und dann in der warmen Obers-Ei-Mischung auflösen. Das Ganze lauwarm auf die Schokolade gießen und vermischen. Die Ganache in einen Spritzbeutel füllen und mindestens 3 Stunden kalt stellen.

**Stachelbeermark.** Die Stachelbeeren mit dem Zucker in einem Topf vermischen. Ca. 30 bis 40 Minuten leicht köcheln lassen, bis ein Großteil der Flüssigkeit verkocht ist. Danach mit dem Stabmixer pürieren und mit Zitronensaft und -zesten abschmecken. Durch ein Sieb passieren und mindestens 1 Stunde abkühlen lassen.

**Anrichten.** Macarons mit der Ganache und dem Stachelbeermark füllen und mit Lavendelblüten bestecken.

**Lavendel-Ganache**
200 ml Schlagobers
25 g Lavendel
1 Eigelb
1 Blatt Gelatine
150 weiße Schokolade

**Stachelbeermark**
200 g Stachelbeeren, geviertelt
50 g Zucker
Saft und Zesten
von 1 Bio-Zitrone

**Anrichten**
Lavendelblüten

# In Mandelteig gebackene Ofenmarillen mit Streusel und Sauerrahmeis

Die Marillen werden in einem Teig gegart, der nicht mitgegessen wird. Eine Methode, mit der auch Fleisch, Fisch oder Gemüse schonend zubereitet werden können. Die Konsistenz der Ofenmarille erinnert ein bisschen an gut gemachte Marillenknödel.

*(Ergibt 4 Portionen)*

**Mandelteig und Ofenmarillen**
150 g Mehl
80 g Zucker
100 g Mandelmehl
70 g Eiweiß
Salz

10 Marillen, geviertelt
Saft und Zesten von 1 Bio-Zitrone

**Streusel**
100 g kalte Butter
200 g Mehl
75 g Staubzucker
1 Prise Salz
Ceylon-Zimt

**Sauerrahmeis**
125 ml Schlagobers
120 g Zucker
20 g Glukose
1 Blatt Gelatine
375 g Sauerrahm

**Anrichten**
Zitronenverbeneblätter

**Mandelteig und Ofenmarillen.** Mehl, Zucker, Mandelmehl, Eiweiß und Salz in einer Rührschüssel gut miteinander verkneten. Die Marillen mit Zitronensaft und -zesten marinieren. Ein Blech mit Backpapier auslegen. Die Marillen darauf verteilen. Den Teig ausrollen und über die Marillen legen, sodass alle Marillen im Teig eingepackt sind. Das Blech in den Backofen geben und bei 180°C Umluft (200°C Ober-/Unterhitze) 20 Minuten backen. Danach den Teig aufbrechen und die Marillen herausnehmen. Den Teig verwerfen.

**Streusel.** Alle Zutaten in einer Schüssel verkneten. Die Streusel auf einem mit Backpapier ausgelegten Blech verteilen. In den Ofen geben und bei 140°C Umluft (160°C Ober-/Unterhitze) 30 Minuten backen, bis die Streusel goldbraun sind. Herausnehmen und auf Zimmertemperatur abkühlen lassen.

**Sauerrahmeis.** Die Gelatine einweichen. Obers in einem Topf erwärmen. Zucker, Glukose und die Gelatine darin auflösen. Die Mischung etwas abkühlen lassen, in den Sauerrahm geben und gut verrühren. Dann in einer Eismaschine oder im PacoJet gefrieren.

**Anrichten.** Die noch warmen Ofenmarillen in einem Teller anrichten, die Streusel daneben legen. Eine Kugel Sauerrahmeis abstechen und daraufsetzen. Mit Zitronenverbeneblättern dekorieren.

# Süße Hippe mit Joghurtmousse und Kirschen

Um und Auf bei diesem Dessert ist die Herzkirsche. Wir bekommen unsere von Bettina Lenz, deren Obstgärten direkt am Bodensee liegen.

**Süße Hippe.** Die Butter zergehen lassen und mit den restlichen Zutaten zu einer geschmeidigen Masse verrühren. Den Teig für 2 Stunden kalt stellen. Danach in Dreiecksform ca. 1 Millimeter dick auf eine Silikon-Matte aufstreichen. In den Backofen geben und bei 160°C Umluft (180°C Ober-/Unterhitze) für 7 Minuten backen. Herausnehmen und noch warm mit einer Stanitzelform aufdrehen. Hippen auskühlen lassen, dann vorsichtig von der Form ziehen.

**Joghurtmousee.** Obers steif schlagen. Die Gelatine in Wasser einweichen, dann die 10 Milliliter Wasser erwärmen und die Gelatine darin auflösen. Die aufgelöste Gelatine in den Joghurt rühren. Zucker, Vanillemark, Zitronensaft und -zesten dazugeben. Danach den Obers unterheben. Die Mousse in einen Spritzbeutel füllen und mindestens 1 Stunde kalt stellen.

**Kirschen.** Die Kirschen in kleine Würfel schneiden und mit Zitronensaft abschmecken.

**Anrichten.** Die Hippen mit der Joghurtmousse füllen, die marinierten Kirschen obendrauf setzen. Mit Zitronenmelisse bestreuen.

*(Ergibt 4 Portionen)*

**Süße Hippe**
50 g Butter
50 g Eiweiß
50 g Mehl
50 g Staubzucker
30 g Kirschpulver

**Joghurtmousse**
100 ml Schlagobers
10 ml Wasser
2 Blatt Gelatine
100 g Joghurt
30 g Zucker
Mark von 1 Vanilleschote
Saft und Zesten von 1 Bio-Zitrone

**Kirschen**
80 g Herzkirschen, halbiert und entkernt
Saft von ½ Zitrone

**Anrichten**
Zitronenmelisse, fein geschnitten

# Milcheis mit Meringue und Salzkaramell

Die Qualität der Milch ist bei diesem Dessert das Entscheidende. Wir arbeiteten anfangs mit Rohmilch aus der unmittelbaren Nähe, bis uns neue Bestimmungen dies verboten. Jetzt pasteurisieren wir die Milch selbst im Haus und verwenden sie für dieses Dessert, das auf den ersten Blick simpel erscheint, auf den zweiten aber schon nicht mehr.

**Milcheis.** Die Milch in einen Topf geben und erhitzen. Die Eigelbe mit dem Zucker aufschlagen. Die Hälfte der heißen Milch zur Ei-Zucker-Mischung geben und verrühren. Diese Masse anschließend wieder in den Topf zu der restlichen Milch geben. Bei geringer Hitze weiterköcheln lassen, bis die Masse andickt. Dann vom Herd nehmen und den Obers dazugeben. Die Masse für 1 Stunde im Kühlschrank kalt stellen und danach in einer Eismaschine oder einem PacoJet gefrieren.

**Meringue.** Die Meringue-Masse ca. 2 Millimeter dick auf einer Silikonmatte oder auf Backpapier ausstreichen und über Nacht bei 60 °C im Ofen trocknen lassen. Wenn die Meringue trocken ist, von der Matte oder dem Backpapier ziehen und in unregelmäßige Stücke brechen.

**Salzkaramell.** Zucker, Glukose und Wasser in einem Topf langsam erhitzen und karamellisieren lassen. Wichtig dabei ist, nicht oft umzurühren, weil sonst Klumpen entstehen. Dann den Topf von der Hitze nehmen und die Butter und den Obers unterrühren. Anschließend mit dem Zitronensaft und 2 bis 3 Prisen Salz abschmecken.

**Anrichten.** Eine Kugel Eis in einem Schälchen anrichten und mit einem Meringuesplitter bedecken. Die Salzkaramellsauce darüberträufeln.

*(Ergibt 4 Portionen)*

**Milcheis**
400 ml Vollmilch
4 Eigelb
100 g Zucker
100 ml Schlagobers

**Meringue**
1 Menge Meringue
*(Rezept siehe S. 350)*

**Salzkaramell**
200 g Zucker
50 g Glukose
50 ml Wasser
40 g Butter
150 ml Schlagobers
Saft von 1 Zitrone
Salz

# Erdbeeren in Erdbeerwasser mit Joghurt-Holunder-Sorbet und Erdbeerchips

Die Art, wie dieses Sorbet gemacht wird, habe ich bei César Ramírez in New York gelernt. Den Holunderblütensirup, den wir dafür verwenden, stelle ich in der Zwischensaison zu Hause in Seibersdorf selbst her.

*(Ergibt 4 Portionen)*

**Erdbeerwasser**
350 Erdbeeren, geputzt
20 g Zucker
Saft von 2 Zitronen

**Joghurt-Holunder-Sorbet**
80 g Glukose
100 ml Wasser
300 g Joghurt
100 ml Holunderblütensirup
*(siehe Grundrezepte, S. 391)*
Saft von 2 Zitronen

**Erdbeerchips**
10 Erdbeeren, geputzt
50 ml Wasser
50 g Zucker

**Erdbeeren**
200 g Erdbeeren

**Anrichten**
Zitronenverbene

**Erdbeerwasser.** Die Erdbeeren vierteln und in einen Topf geben. Den Zucker und den Zitronensaft dazugeben und die Erdbeeren damit aufkochen. Etwa 10 Minuten leicht köcheln lassen. Dann in ein mit einem Passiertuch ausgelegtes Sieb geben, sodass der klare Saft der Erdbeeren ablaufen kann.

**Joghurt-Holunder-Sorbet.** Wasser erwärmen und die Glukose darin auflösen. Dann alle Zutaten miteinander vermischen und in einer Eismaschine oder einem PacoJet einfrieren.

**Erdbeerchips.** Zucker und Wasser zu einem Läuterzucker *(Rezept siehe S. 248)* verkochen. Die Erdbeeren in dünne Scheiben schneiden und durch den abgekühlten Läuterzucker ziehen. Auf ein Blech mit Backpapier legen und über Nacht bei 60 °C im Ofen trocknen.

**Erdbeeren.** Die Erdbeeren in feine Scheiben schneiden.

**Anrichten.** Die Erdbeerscheiben aufgefächert in einem Schälchen anrichten, mit dem Erdbeerwasser begießen. Eine Kugel Joghurt-Holunder-Sorbet daraufsetzen und mit den Erdbeerchips und Zitronenverbeneblättern anrichten.

# Braune-Butter-Madeleines

Jeweils das allerletzte Gericht unseres Menüs.
Und eine Liebeserklärung an braune Butter und Zimtzucker.
Für mich das Tüpfelchen auf dem i unserer Menüs.

**Braune Butter.** Die Butter unter ständigem Rühren in einem Topf erhitzen, bis die Molke schön goldbraun geröstet ist und der typische nussige Duft entsteht. Braune Butter vom Herd nehmen und etwas abkühlen lassen.

**Madeleines.** Eier und Staubzucker vermischen und etwa 3 bis 4 Minuten schlagen. Danach das Mehl und das Backpulver einsieben und gut mit der Eiermasse verrühren. Das Vanillemark und die Zitronenzesten dazugeben, dann die noch leicht warme braune Butter einrühren. Die fertige Teigmasse mindestens über Nacht in den Kühlschrank stellen. Den Ofen auf 200 Grad vorheizen. Die Madeleine-Formen gut ausbuttern und die Masse einfüllen. Bei 200 °C Umluft (220 °C Ober-/Unterhitze) etwa 8 bis 10 Minuten backen.

**Anrichten.** Die Madeleines vorsichtig aus der Backform lösen und mit Zimtzucker bestäuben.

*(Ergibt ca. 20 bis 30 Madeleines, je nach Größe der Madeleine-Backform)*

**Braune Butter**
120 g Butter

**Madeleines**
2 Eier
100 g Staubzucker
120 g Mehl
1 TL Backpulver
Mark von 1 Vanilleschote
Zesten von 1 Bio-Zitronen

**Anrichten**
150 g Zimtzucker

# Alkoholfreie Getränke

Sommelière Bekah Roberts kümmert sich nicht nur um die Weinbegleitung im Schualhus, sie hat sich auch einer fast alchemistischen Kunst verschrieben: dem Mixen und Mischen einer alkoholfreien Getränkebegleitung, die sie im Austausch mit dem Sensoriker und Bartender Reinhard Pohorec entwickelt hat. Diese Getränke brauchen eine gewisse Komplexität.

Sie müssen den Aromen der Schualhus-Speisen etwas Passendes entgegensetzen. Für dieses Kochbuch hat Bekah zehn Getränke ausgewählt, die auch zu Hause Freude machen. Als frische, bekömmliche Begleiter zu einem Essen – oder ganz allein, als Hauptdarsteller.

Bekah Roberts,
Sommelière des Chef's Table

Rote-Rüben-Pilz-Tee

# Rote-Rüben-Pilz-Tee

*(Ergibt 4 Portionen)*

**Rote-Rüben-Pilz-Tee**
600 g frischer Rote-Rüben-Saft (ganze, rohe, ungeschälte Rote Rüben, in grobe Stücke geschnitten)
400 g Pilztee *(siehe unten)*
150 g Pilzsirup *(siehe unten)*
100 g Zitronensaft

**Pilzauszug**
*(Ergibt ca. 1 Liter)*
50 g getrocknete Pilze
1 l Wasser

**Pilzsirup**
*(Ergibt ca. 0,5 Liter)*
250 g Kristallzucker
250 ml Wasser
50 g getrocknete Pilze oder
200 g frische Pilze

**Rote-Rüben-Pilz-Tee.** Die rohen Roten Rüben behutsam im Slow Juicer entsaften und durch ein Sieb passieren. Den Saft mit dem kalten Pilztee, Pilzsirup und Zitronensaft vermischen. Im Kühlschrank aufbewahren. In einem Weinglas servieren.

**Pilzauszug.** Das Wasser zum Kochen bringen und die getrockneten Pilze darin 10 bis 15 Minuten köcheln lassen, bis das Wasser einen schönen Pilzgeschmack angenommen hat. Auf Raumtemperatur abkühlen lassen und die Flüssigkeit durch ein feinmaschiges Sieb abseihen. (Der Pilzauszug hält sich im Kühlschrank bis zu 2 Wochen.)

**Pilzsirup.** Das Wasser zum Kochen bringen und den Zucker mit einem Schneebesen ins Wasser einrühren, bis er sich aufgelöst hat. Die getrockneten Pilze zu diesem Zuckersirup hinzufügen und 5 bis 10 Minuten köcheln lassen, dabei darauf achten, dass er nicht überkocht. Auf Raumtemperatur abkühlen lassen und durch ein Sieb passieren. (Der Pilzsirup hält sich im Kühlschrank bis zu 2 Wochen.)

# Sauerampfermilch

**Sauerampfermilch.** Frischen Sauerampfer und Spinat behutsam im Slow Juicer entsaften, es sollte dabei alles kalt bleiben. Durch ein Sieb passieren. Den Saft mit der Buttermilchreduktion und dem Essigsirup vermischen. Mengen nach Geschmack nachjustieren. Gut gekühlt in einem Weinglas servieren.

**Essigsirup.** Den Essig zum Kochen bringen und dann Zucker und Salz darin auflösen. (Der Essigsirup hält sich im Kühlschrank bis zu 2 Monaten.)

*(Ergibt 4 Portionen)*

**Sauerampfermilch**
700 g frischer Sauerampfersaft
200 g frischer Spinatsaft
300 g Buttermilchreduktion (dafür 2 Liter Buttermilch auf Buttermilchmolke reduzieren)
200 g Essigsirup
*(siehe unten)*

**Essigsirup**
*(Ergibt ca. 0,5 Liter)*
400 ml Reisessig
180 g Kristallzucker
30 g Salz

# Kürbis-Apfel-Saft

**Kürbis-Apfel-Saft.** Kürbis, Äpfel und Karotten behutsam im Slow Juicer entsaften. Säfte vermischen und durch ein feinmaschiges Sieb passieren. Mit Zitronensaft und Wasser auffüllen, Mengen nach Geschmack anpassen.

*(Ergibt 6 Portionen)*

**Kürbis-Apfel-Saft**
500 g frischer Butternusskürbissaft (Schale und Kerne entfernt, klein geschnitten)
300 g frischer Apfelsaft
200 g frischer Karottensaft (geschält und in Scheiben geschnitten)
150 g frischer Zitronensaft
200 g Wasser

# Kirsch-Lavendel-Saft

**Kirsch-Lavendel-Saft.** Alle Zutaten miteinander verrühren, die Mengen nach Geschmack anpassen. Gut gekühlt in einem Weinglas servieren. (Der Kirsch-Lavendel-Saft hält sich im Kühlschrank bis zu 1 Woche.)

**Lavendelessig.** Essig mit Zucker und Salz zum Kochen bringen. Lavendelblüten in ein Weckglas geben und mit dem heißen Essigsud übergießen. Auf Raumtemperatur abkühlen, dann 2 bis 3 Tage ziehen lassen, zum Schluss abseihen. (Der Lavendelessig hält sich im Kühlschrank bis zu 1 Monat.)

*(Ergibt 4 Portionen)*

**Kirsch-Lavendel-Saft**
600 g Kirschsaft
120 g Lavendelessig
*(siehe unten)*
Wasser (ca. 150 g bzw. Menge nach Geschmack)

**Lavendelessig**
*(Ergibt ca. 0,5 Liter)*
400 ml Reisessig
(alternativ weißer Essig)
180 g Kristallzucker
30 g Salz
50 g Lavendelblüten, getrocknet

# Berg-Minz-Soda

*(Ergibt 4 Portionen)*

**Berg-Minz-Soda.**
16 cl Zitronensaft
6 cl Limettensaft
16 cl Roter Wand Berg-Minz-Sirup
24 cl Soda

Tipp: Der Berg-Minz-Sirup ist nur in der Roten Wand erhältlich. Das Rezept lässt sich aber auch mit jedem anderen Kräutersirup zubereiten.

**Berg-Minz-Soda.** Zitronen- und Limettensaft mit dem Berg-Minz-Sirup und Eis in einen Cocktail-Shaker füllen. Schütteln und dann in ein Highballglas sieben. Mit Eiswürfeln und Soda auffüllen.

# Gurken-Erbsen-Drink

**Gurken-Erbsen-Drink.** Gurken und Erbsen behutsam im Slow Juicer entsaften, es sollte dabei alles kalt bleiben. Durch ein Sieb passieren. Erbsen- und Gurkensaft mit Zitronensaft und Läuterzucker vermischen und sofort kühl stellen. Grüne Säfte müssen immer kalt aufbewahrt werden, sonst verfärben sie sich. Auf Eis servieren. (Der Gurken-Erbsen-Drink hält sich im Kühlschrank bis zu 3 Tagen.)

*(Ergibt 4 Portionen)*

**Gurken-Erbsen-Drink**
800 g frischer Gurkensaft
(ca. 10 bis 12 große Gurken, geschält und dann in kleine Stücke geschnitten)
600 g frischer Zuckererbsensaft (Erbsen mit Schale)
250 g frischer Zitronensaft
200 g Läuterzucker, abgekühlt
*(Rezept siehe S. 248)*

# Sanddorn-Limetten-Cocktail

*(Ergibt 4 Portionen)*

**Sanddorn-Limetten-Cocktail**
160 ml Sanddornsirup
*(siehe unten)*
60 ml Limettensaft
Soda
Eis
Limettenscheiben

**Sanddornsirup**
*(Ergibt 0,5 Liter)*
200 g Läuterzucker
*(Rezept siehe S. 248)*
200 g Wasser
300 g Sanddornmark

**Sanddorn-Limetten-Cocktail.** Sanddornsirup und Limettensaft in einen Cocktail-Shaker geben und mit Eis schütteln. In ein Scotchglas mit Eiswürfeln gießen, mit Soda aufspritzen, umrühren. Mit einer Limettenscheibe garnieren.

**Sanddornsirup.** Alle Zutaten in einem Topf vermischen und aufkochen. Danach durch ein Sieb passieren und kalt stellen. (Der Sanddornsirup hält sich im Kühlschrank bis zu 2 Monaten.)

# Tomaten-Holunderblüten-Wasser

**Tomaten-Holunderblüten-Wasser.** Alle Zutaten miteinander verrühren. In einen Tumbler füllen, mit geschälten Kirschtomaten und Basilikum garnieren.

**Tomatenwasser.** Ein feinmaschiges Sieb mit einem Passiertuch auslegen und über eine große Schüssel hängen. Die Tomaten mit Basilikum, Essig und Salz mit dem Stabmixer fein pürieren. Nun die Flüssigkeit in das vorbereitete Sieb gießen und langsam abtropfen lassen. Nicht umrühren, da das Tomatenwasser sonst trüb wird. Die Reste im Passiertuch verwerfen und das Tomatenwasser abgedeckt mindestens 12 Stunden kühl stellen. (Das Tomatenwasser hält sich im Kühlschrank bis zu 3 Tage, es kann auch eingefroren werden.)

*(Ergibt 4 Portionen)*

**Tomaten-Holunderblüten-Wasser**
500 g Tomatenwasser
*(siehe unten)*
100 g Holunderblütenessig
*(siehe Grundrezepte, S. 391)*
100 g Holunderblütensirup
*(siehe Grundrezepte, S. 391)*
100 g Verjus aus Österreich
(zum Beispiel Gobelsburg Verjus)
200 g Wasser

**Tomatenwasser**
*(Ergibt ca. 0,5 Liter)*
1 kg Tomaten
1 Handvoll frisches Basilikum
40 g weißer Essig
20 g Salz

# Paprika-Yuzu-Drink

(Ergibt 4 Portionen)

**Paprika-Yuzu-Drink**
600 g Püree oder Mark aus rotem Paprika
200 g frischer Stachelbeersaft (alternativ Saft aus roten Trauben oder roten Pflaumen)
200 g Essigsirup
(Rezept siehe S. 373)
40 g Yuzu-Saft
200 g Wasser

**Paprika-Yuzu-Drink.** Alle Zutaten vermischen und durch ein feinmaschiges Sieb passieren. Gut gekühlt in einem Tumbler servieren. Mit Stachelbeeren garnieren.

# Zitronenverbene-Limonade

(Ergibt 4 Portionen)

**Zitronenverbene-Limonade**
750 g Wasser
30 g getrocknete Zitronenverbeneblätter
75 g Zucker
200 g Limettensaft
150 g Holunderblütensirup
(siehe Grundrezepte, S. 391)
100 g Wasser

**Zitronenverbene-Limonade.** Wasser zum Kochen bringen, Zitronenverbene und Zucker hinzufügen. 10 Minuten bei niedriger Temperatur köcheln lassen. Die Mischung durch ein feinmaschiges Sieb abgießen, die Blätter wegwerfen. Den Tee auf Zimmertemperatur abkühlen lassen. Danach mit Limettensaft, Holunderblütensirup und Wasser mischen. Kalt auf Eis servieren.

Paprika-Yuzu-Drink

# Die Grundrezepte

**Jus.** Die Knochen und Karkassen auf einem Blech auslegen und bei 180 °C Umluft (200 °C Ober-/Unterhitze) 45 Minuten lang rösten. Das Öl in einem Topf erhitzen, Suppengemüse und Zwiebeln darin dunkel anschwitzen. Das Tomatenmark und die Tomaten dazugeben und unter ständigem Rühren dunkelbraun anbraten. Madeira, Rotwein und Weißwein angießen und bei geringer Hitze köcheln lassen. Die gerösteten Knochen hineingeben und alles mit Wasser auffüllen, einmal aufkochen lassen. An der Oberfläche schwimmendes Fett und Schaum abschöpfen. Den ganzen Tag köcheln lassen und immer wieder etwas Wasser nachgießen. Die Flüssigkeit durch ein Passiertuch abseihen, in einen frischen Topf umfüllen und reduzieren, bis der Jus einen kräftigen Geschmack entwickelt hat. Den Thymian dazugeben und 10 Minuten ziehen lassen. Mit Salz, Pfeffer und Zucker abschmecken.

**Jus**
*(Ergibt 1 bis 1,5 Liter)*
2,5 kg Knochen und/oder Karkassen (von Rind, Wild oder Geflügel)
1 Pck. Suppengemüse, grob geschnitten
2 Zwiebeln, grob geschnitten
50 g Tomatenmark
3 Tomaten, geviertelt
140 ml Madeira
140 ml Rotwein
140 ml Weißwein
Wasser
5 Zweige frischer Thymian
Salz + Pfeffer
Zucker

**Rindsbrühe.** Einen Topf mit Wasser aufstellen und zum Kochen bringen. Die Rinderknochen hineingeben, kurz kochen, herausnehmen und mit kaltem Wasser abspülen. Die Zwiebel mitsamt Schale quer halbieren und auf der Schnittseite ohne Öl in der Pfanne dunkel anrösten. Die abgespülten Knochen, das Fleisch, das Suppengemüse, die Zwiebelhälften und die Gewürze (bis auf das Salz) in einem Topf mit kaltem Wasser aufstellen, alles sollte mit Wasser bedeckt sein. Einmal aufkochen. 2 Stunden auf niedriger Stufe köcheln lassen, aufsteigenden Schaum und Fettaugen immer wieder abschöpfen. Petersilie und Liebstöckel die letzten 15 Minuten mitziehen lassen. Die Rindsbrühe abseihen und mit Salz abschmecken. Die Rindsbrühe nach Belieben reduzieren, um einen intensiveren Geschmack zu erhalten.

**Rindsbrühe**
*(Ergibt 1 bis 1,5 Liter)*
600 g Suppenfleisch im Ganzen
6 Rinderknochen
1 Pck. Suppengemüse, grob geschnitten
1 Zwiebel
Lorbeerblätter
Wacholderbeeren
Pfefferkörner
2 Stängel Petersilie
1 Stängel frischer Liebstöckel
Salz

**Fischfond**
*(Ergibt 1 Liter)*
1 kg Fischkarkassen von weißfleischigem Fisch
1 Zwiebel, klein geschnitten
1 Selleriestange, klein geschnitten
2 Schalotten, in dünne Ringe geschnitten
1 Fenchelknolle, klein geschnitten
Schale von 1 Bio-Zitrone, mit dem Sparschäler entfernt
6 weiße Pfefferkörner
2 Lorbeerblätter
200 ml Weißwein
800 ml Wasser
Salz

**Gemüsefond**
*(Ergibt 1 Liter)*
3 Karotten, in grobe Stücke geschnitten
1 Gelbe Rübe, in grobe Stücke geschnitten
1 Sellerieknolle, in grobe Stücke geschnitten
1 Knoblauchzehe, halbiert
2 Schalotten, in grobe Stücke geschnitten
3 Pfefferkörner
Salz
1 l Wasser

**Fischfond.** Die Karkassen in grobe Stücke zerteilen, waschen und in kaltem Wasser 30 Minuten wässern. Anschließend mit Zwiebel, Selleriestange, Schalotten, Fenchel, Zitronenschale, Pfefferkörnern und Lorbeerblättern in einen Topf geben. Mit Weißwein und Wasser auffüllen. Mit Salz würzen. Alles einmal aufkochen und dann bei niedriger Hitze ca. 20 Minuten köcheln lassen. Zwischendurch immer wieder mit einer Schaumkelle den Schaum abnehmen. Den Fischfond nach und nach mithilfe einer Schöpfkelle vorsichtig durch ein Passiertuch gießen und nochmals abschmecken.

**Gemüsefond.** Das Gemüse mit den Pfefferkörnern und etwas Salz mit kaltem Wasser aufsetzen, zum Kochen bringen und 2 ½ bis 3 Stunden köcheln lassen. Den Fond abseihen und nochmals abschmecken.

**Geflügelfond.** Das Suppenhuhn je nach Topfgröße grob zerteilen oder im Ganzen verarbeiten. Die Zwiebelhälften mit der Schnittfläche ohne Öl in einer Pfanne dunkel anbraten. Das Suppenhuhn mit allen übrigen Zutaten in einen großen Topf geben. Etwa 2 Liter Wasser angießen, sodass alle Zutaten gut bedeckt sind. Alles einmal aufkochen und dann mit geschlossenem Deckel bei schwacher Hitze etwa 2 Stunden köcheln lassen. Das Huhn und das Gemüse aus dem Topf nehmen. Die Brühe durch ein Passiertuch abgießen und nochmals abschmecken.

**Mayonnaise.** Das Eigelb mit dem Senf, Essig und Salz in eine hohe, schlanke Rührschüssel geben und mit dem Schneebesen cremig aufschlagen. Das Öl zunächst tropfenweise, dann in einem dünnen Strahl hineinlaufen lassen und mit dem Schneebesen einrühren, bis eine dickflüssige Masse entsteht.

**Nudelteig.** Alle Zutaten zu einem geschmeidigen Teig verarbeiten.

**Geflügelfond**
1 Suppenhuhn
1 Zwiebel, mit Schale quer halbiert
1 Petersilienwurzel, in grobe Stücke geschnitten
1 Karotte, in grobe Stücke geschnitten
100 g Knollensellerie, in grobe Stücke geschnitten
1 kleine Lauchstange, in grobe Stücke geschnitten
1 Bund Petersilie, grob zerkleinert
1 TL Pfefferkörner
1 TL Salz

**Mayonnaise**
1 Eigelb
1 EL Senf
1 EL Essig
Salz
Ca. 200 ml neutrales Öl

**Nudelteig**
*(Ergibt ca. 400 Gramm Teig)*
250 g Mehl, griffig
6 Eigelb
1 EL Olivenöl
Salz

Die Grundrezepte

**Semmelknödel**
*(Ergibt ca. 12 Knödel)*
500 g Knödelbrot oder
10 altbackene Semmeln,
in Würfel geschnitten
2 Zwiebeln, in kleine Würfel
geschnitten
2 EL Butter
500 ml Milch
5 Eier
3 EL Petersilie, fein gehackt
Muskat
Salz

**Semmelknödel.** Das Knödelbrot in eine große Schüssel füllen. Die Zwiebeln in der Butter anschwitzen und zum Knödelbrot geben. Die Milch aufkochen, mit Salz und Muskat abschmecken und über das Knödelbrot gießen. Alles kräftig miteinander verrühren, damit sich die Milch gut verteilt und vom Brot aufgesaugt wird. Etwas auskühlen lassen und danach die Eier und die gehackte Petersilie einarbeiten. Nochmals abschmecken und danach Knödel (ca. 8 Zentimeter Durchmesser) formen. In einem großen Topf Wasser mit Salz zum Kochen bringen und die Knödel einlegen. Die Hitze etwas zurückdrehen und die Knödel bei geringer Hitze so lange kochen lassen, bis alle an der Oberfläche schwimmen. Die Knödel mit einem Schaumlöffel aus dem Kochwasser heben und sofort anrichten oder zur Weiterverwendung auskühlen lassen, am besten über Nacht.

**Kalt gerührte Preiselbeeren**
*(Ergibt 2 Gläser à 400 Milliliter)*
500 g frische Preiselbeeren
(Raumtemperatur)
300 g Zucker

**Kalt gerührte Preiselbeeren.** Die Preiselbeeren waschen, gut abtropfen lassen. Die Beeren mit dem Zucker in die Rührschüssel der Küchenmaschine geben und auf der niedrigsten Stufe 2 Stunden rühren. Der Zucker muss komplett aufgelöst sein, und die Preiselbeeren sollen eine dickflüssige Konsistenz haben. Die Preiselbeeren in die vorbereiteten sauberen Gläser füllen. Im Kühlschrank halten sie sich bis zu 6 Monaten.

**Einlegesud.** Wasser, Essig, Zucker, Salz und die Gewürze in einen Topf geben, einmal aufkochen lassen und heiß verwenden.

**Einlegesud**
500 ml Wasser
300 ml Weißweinessig
125 g Zucker
1 EL Salz
1 EL Senfkörner
1 Stängel Dill
1 TL Pfefferkörner
1 TL Pimentkörner
2 Lorbeerblätter

**Eingelegte Fichtenwipfel.** Fichtenwipferl im Frühjahr sammeln gehen – dabei nur die hellgrünen, zarten Spitzen nehmen. In ein Weckglas geben und mit dem heißen Einlegesud übergießen. Auskühlen lassen.

**Eingelegte Fichtenwipferl**
*(Ergibt ein Glas von 500 Millilitern)*
300 g Fichtenwipferl
200 ml Einlegesud
*(siehe oben)*

**Holunderblütensirup.** Die Holunderblüten mit Zitronensaft, Wasser und Zucker vermischen und 5 Tage im Kühlschrank durchziehen lassen, währenddessen gelegentlich umrühren. Die Flüssigkeit durch ein Sieb abgießen, in einem Topf auf 80 °C erhitzen und 5 Minuten auf dieser Temperatur halten. Nicht kochen lassen. Noch heiß in die vorbereiteten sauberen Flaschen abfüllen. Der Sirup ist kühl und trocken gelagert mindestens 6 Monate haltbar.

**Holunderblütensirup**
*(Ergibt 2 Flaschen à 1 Liter)*
6 Holunderblüten
Saft von 5 Zitronen
1 l Wasser
780 g Zucker

**Holunderblütenessig.** Die ganzen Dolden oder die abgezupften Blüten in eine Flasche oder ein Weckglas geben und mit dem Essig aufgießen. Ca. 3 bis 4 Wochen an einem kühlen Ort ziehen lassen. Abseihen, in die vorbereitete saubere Flasche abfüllen und danach kühl und trocken lagern.

**Holunderblütenessig**
*(Ergibt 1 Flasche à 700 Milliliter)*
5 Holunderblütendolden, im Ganzen oder die Blüten abgezupft
700 ml milder Weißweinessig oder weißer Balsamico

# Rezeptregister

**Alkoholfreie Getränke**
Berg-Minz-Soda, 376
Frisch gepresste Säfte, 52
Gurken-Erbsen-Drink, 379
Kirsch-Lavendel-Saft, 375
Kürbis-Apfel-Saft, 373
Paprika-Yuzu-Drink, 384
Rote-Rüben-Pilz-Tee, 372
Sanddorn-Limetten-Cocktail, 380
Sauerampfermilch, 373
Tomaten-Holunderblüten-Wasser, 383
Zitronenverbene-Limonade, 384

**Brot und Gebäck**
English Muffins, 20
Knoblauchbaguette, 129
Röstbrot mit Tomate, 53
Rote-Wand-Rolls, 36
Schwarzbrot-Chips, 269
Waffeln, 247

**Brühen**
Geflügelconsommé, 275
Geflügelfond, 389
Gemüsefond, 388
Hühner-Consommé, 171
Rindsbrühe, 387

**Cocktails**
Basil Smash, 233
Espresso Martini, 231
Excelsior, 233
Ginger Raspberry, 230
Mandarin Gimlet, 234
One for the Money, 242
Resurrection, 231
Rhabarber-Dill-Spritzer, 234
Rote-Wand-Spritz, 230

Safran-Kardamom-Tinktur, 242

**Cremes**
Crème fraîche, Geräuchert, 312
Erbsencreme, 143
Haselnussaufstrich, 47
Joghurtcreme, 156
Maiscreme, 145
Zitronencreme, 349

**Dressings**
Haus-Dressing, 129
Joghurt-Senf-Dressing, 180
Klassische Salatmarinade, 81
Olivenöl-Balsamico-Dressing, 185
Rotkrautdressing, 183

**Eier**
Bärlauch-Chawanmushi, 275
Confiertes Ei, 281
Eggs Benedict, 20
Eggs Tomato, 25
Omelette mit Speck, Hochalpkäse und Eierschwammerl, 22
Pochierte Eier, 21
Rührei mit Ziegenkäse, Kürbiskernen und Kürbiskernöl, 26
Shakshuka, 31
Stundenei, 143

**Eingelegtes**
Eierschwammerl, Eingelegte, 254
Einlegesud, 391
Fichtenwipferl, Eingelegte 391
Holunderkapern, 289
Kürbis, Eingelegter, 188, 315

Mixed Pickles, 128
Ribiseln, Eingelegte, 297
Rote Rübe, Eingelegte, 251
Sanddorn, Eingelegter, 248
Spargel, Eingelegter, 286
Tomaten, Eingelegte, 289

**Eis**
Apfel-Sauerampfer-Sorbet mit Gin, 344
Heidelbeersorbet, 353
Holunderblütenparfait, 220
Joghurt-Holunder-Sorbet, 364
Milcheis, 363
Sauerrahmeis, 358
Vanilleeis, 212
Zimteis, 217

**Essige**
Holunderblütenessig, 391
Lavendelessig, 375

**Fisch**
Fischbeize, 49
Fischfond, 388
Fischfondue, 127
Fischhaut-Chips, 288
Fischstäbchen, 78
*Lachsforelle*
 Bergforellen-Ceviche, 299
 Bergforellentatar, 269
 Confierte Lachsforelle, 156
 Gebratene Lachsforelle, 195
 Räucherforellen-Tatar, 249
*Saibling*
 Confierter Saibling, 291
 Gebeizter Saibling, 286
 Saibling im Salzteig, 332
*Zander*
 Gebratener Zander, 305

Gedämpfter Zander, 336
Zanderkarkassensud, 336

**Fondue**
Fischfondue, 127
Fondue Bourguignonne, 126
Fondue Chinoise, 126
Käsefondue, 126
Schoko-Fondue, 132

**Früchte**
*Apfel*
　Apfelküchle, 218
　Apfel-Sauerampfer-
　Sorbet mit Gin, 344
*Erdbeeren*
　Erdbeerchips, 364
　Erdbeerwasser, 364
*Heidelbeeren*
　Heidelbeerdatschi, 212
　Heidelbeersorbet, 353
　Marinierte Heidelbeeren, 353
Himbeeren, Marinierte, 220
Kirschen, Marinierte, 361
Lavendel-Stachelbeer-
Macarons, 354
*Marillen*
　Blechkuchen mit Marillen, 106
　Gebratene Marillen, 207
　In Mandelteig gebackene
　Ofenmarillen, 358
Preiselbeeren,
Kaltgerührte, 390
Sanddorn, Eingelegter, 248
Zitronencreme, 349
Zwetschkenröster, 90

**Geflügel**
Enten-Gyoza, 264
*Huhn*
　Brathendl mit Apfel, 64
　Geflügelconsommé, 275
　Geflügelfond, 389
　Hühner-Consommé, 171
　Hühnerleberparfait, 247
　Knusprige Hühnerhaut, 147
　Pilzroulade, 172
　Ravioli vom Flötzerhuhn, 145
*Perlhuhn*
　Gebratene
　Perlhuhnbrust, 321
　Perlhuhn-Ragout, 321
*Taube*
　Taubenbrust, Gegrillte, 326
　Taubenjus, 327
　Yakitori-Taubenhaxe, 326

**Gemüse und Kräuter**
Ajvar, 128
*Artischocke*
　Artischocken-Chips, 274
　Gegrillte Artischocken, 273
*Aubergine*
　Ajvar, 128
*Bärlauch*
　Bärlauch-Chanwan-
　mushi, 275
　Bärlauchpaste, 275
Blumenkohl mit Salzzitrone
und Mandeln, 305
*Erbsen*
　Erbsencreme, 143
　Erbsen-Minz-
　Schaumsuppe, 176
　Erbsentartelette, 253
　Risibisi, 64
Estragon-Granité, 290
Gemüsefond, 388
Grünkohl, 328
Guter-Heinrich-Pesto, 53
*Kräuter*
　Kräuterpaste, 281
　Kräutersabayon, 281
*Kürbis*
　Eingelegter Kürbis, 188
　Gegrillter und eingelegter
　Kürbis, 315
Mangold-Eierschwammerl-
Ragout, 195
Mixed Pickles, 128
*Paprika*
*(siehe auch Spitzpaprika)*
　Ajvar, 128
*Rote Rüben*
　Eingelegte Rote Rübe, 251
　Gegrillte Rote Rüben, 329
　Rote-Rüben-Chips, 331
　Rote-Rüben-Hippe, 249
*Salatherzen*
　Gegrillte Salatherzen, 274
　Glasierte Salatherzen, 204
*Sellerie*
　Sellerierose, 318
　Sellerieschaum, 318
　Sellerieschaumsuppe, 173
Shakshuka, 31
*Spinat*
　Gedünsteter Spinat, 201
　Schlutzkrapfen, 201
*Spargel*
　Eingelegter Spargel, 286
　Gegrillter Grüner Spargel, 312
*Spitzkraut*
　Glasiertes Spitzkraut, 338
　Roh mariniertes
　Spitzkraut, 264
*Spitzpaprika*
　Shakshuka, 31
　Spitzpaprikaschaum, 304
*Tomaten*
　Eingelegte Tomaten, 289
　Röstbrot mit Tomate, 53
　Tabouleh, 31
　Tomatenessenz, 168
　Tomatenragout, 25
　Tomatenwasser, 383
*Topinambur*
　Topinambur-Chips, 339
　Topinamburpüree, 339

*Wirsing*
   Graupen-Wirsing-
   Risotto, 198
   Wirsingchips, 197
*Zwiebeln*
   Glasierte Perlzwiebeln, 280
   Röstzwiebeln, 68
   Zwiebelmarmelade, 283

**Getreide und Hülsenfrüchte**
*Buchweizen*
   Buchweizenblini, 268
   Gepuffter Buchweizen, 328
*Bulgur*
   Tabouleh, 31
*Einkorn*
   Einkornrisotto, 315
   Gepuffter Einkorn, 315
   Granola, 32
   Graupen-Wirsing-Risotto, 198
*Kichererbsen*
   Hummus, 31

**Käse**
Bergkäseschaum, 317
Käsefondue, 126
Käsknöpfle, 85
Kaspressknödel, 166
Riebelschnitte, 204

**Kalb**
Beuscherl, 60
Gepökelte Kalbszunge, 297
Kalbsleber, 68
Kalbstatar, 149

**Kartoffeln**
Gröstl mit Spiegelei, 81
Kartoffelbaumkuchen, 205
Kartoffelcrunch, 144
Kartoffelpüree, 68
Kartoffelsoufflé, 257
Kartoffelsticks, 149
Röstkartoffeln, 77

**Knödel**
Geröstete Knödel mit Ei, 63
Semmelknödel, 390
Sig-Knödel, 100

**Kuchen und süßes Gebäck**
Apfelbrot, 225
Blechkuchen mit Marillen, 106
Braune-Butter-Madeleines, 367
Brioche, 35
Linzer Kuchen, 109
Schokotorte, 112
Topfenkuchen, 117
Topfenobersschnitte, 114
Walderdbeer-Zitronen-Tartelettes, 349
Walnusstarte, 217
Zugerbombe, 347

**Krustentiere**
Bayerische Garnele, 303
Flusskrebse, 338
Gebackene Flusskrebsbällchen, 260

**Lamm**
Gebratener Lammrücken, 339

**Mais**
Maiscreme, 145
Riebelschnitte, 204

**Mayonnaisen**
Kräutermayonnaise, 149
Krenmayonnaise, 77
Mayonnaise, 389
Miso-Mayonnaise, 127
Wasabi-Mayonnaise, 151
Zitronenmayonnaise, 261

**Mousses**
Frischkäsemousse, 351
Joghurtmousse, 361
Krenmousse, 269

**Nudeln**
Nudelteig, 389
Pappardelle, 195
Ravioli vom Flötzerhuhn, 145
Schlutzkrapfen, 201
Steinpilz-Raviolo, 279

**Öle**
Dillöl, 156
Fichtenöl, 173
Korianderöl, 299
Kräuteröl, 151
Pilzöl, 314
Schnittlauchöl, 341

**Pilze**
*Eierschwammerl*
   Eingelegte Eierschwammerl, 254
   Mangold-Eierschwammerl-Ragout, 195
   Pilzauszug, 372
   Pilzconsommé, 312
   Pilze, Gebratene, 314
   Pilzroulade, 172
   Pilzsud, 279
   Pilztapenade, 254
   Pilztartelette, 254
*Steinpilze*
   Gebratene Steinpilze, 207
   Geröstetes Pilzöl, 280
   Steinpilz-Raviolo, 279

**Reis**
Risibisi, 64

**Rind**
Backfleisch, 77
Knochenmark, 277
Rindsbrühe, 387

**Salate**
Erbsensalat, 253
Fenchel-Orangen-Salat, 333
Gurkensalat, 191
Karfiolsalat, Gebratener, 180
Kartoffelsalat, 78
Krautsalat, 75
Kräutersalat, 274, 303
Rotkrautsalat, 183
Sellerie-Apfel-Salat, 320
Spinatsalat, 185
Vogerlsalat, 188

**Sabayons und Schäume**
Kräutersabayon, 281
Miso-Sabayon, 288
Sellerieschaum, 318
Speckschaum, 198
Spitzpaprikaschaum, 304
Vin-Jaune-Sabayon, 323

**Saucen**
Bärlauchsauce, 341
Beurre Blanc, 307
Buttersauce, 196
Currysauce, 127
Dill-Honig-Senf-Sauce, 49
Grüner-Apfel-Jus, 153
Hirschjus, 205
Holunderblüten-Jus, 156
Jus, 387
Knoblauchsauce, 127
Nussbutter, 201, 204
Sauce Hollandaise, 21
Sauce Tartare, 80
Taubenjus, 328
Vanillesauce, 95
Yakitori-Sauce, 326

Zitronensauce, 332
Zwiebelsauce, 68

**Schwein**
Blutwurst, 295
Gröstl mit Spiegelei, 81
Knuspriger Schweinebauch, 75

**Sig**
Sig-Crème-Brûlée, 213
Sig-Knödel, 100

**Sirupe**
Essigsirup, 373
Ingwersirup, 231
Gurken-Holunder-Sirup, 233
Holunderblütensirup, 391
Pilzsirup, 372
Rhabarber-Dill-Sirup, 234
Sanddornsirup, 380

**Süßspeisen und Süßes**
*(siehe auch Kuchen und süßes Gebäck)*
Buchteln, 94
Buttermilchschmarrn, 90
Buttermilchwaffeln, 41
French Toasts, 39
Haselnussaufstrich, 47
Krokantring, 351
Lavendel-Ganache, 355
Lavendel-Stachelbeer-Macarons, 354
Meringue, italienische, 347
Palatschinken, 47
Pancakes, 44
Rote-Wand-Nocken, 98
Salzkaramell, 363
Scheiterhaufen, 103
Schokoladenglasur, 347
Streusel, 358
Süße Hippe, 361

**Suppen und Suppeneinlagen**
Erbsen-Minz-Schaumsuppe, 176
Fritatten, 165
Gazpacho, 273
Geflügelconsommé, 275
Grießnockerl, 165
Hühner-Consommé, 171
Kaspressknödel, 166
Sellerieschaumsuppe, 173
Tomatenessenz, 168

**Teige**
Biskuitteig, 114
Gyoza-Teig, 264
Mürbteig, 117
Nudelteig, 389
Rührteig, 106
Tarteletteteig, 254
Tarteletteteig, Süßer, 349

**Topfen**
Topfen-Basilikum-Nocken, 168
Topfenkuchen, 117
Topfenobersschnitte, 114
Topfenspätzle, 70

**Vinaigretten**
Buttermilch-Schnittlauch-Vinaigrette, 292
Erbsen-Radieschen-Vinaigrette, 143
Rote-Rüben-Vinaigrette, 331

**Wild**
*Hirsch*
Hirschrücken, 205
Hirschragout, 69
*Reh*
Gedämpfter Rehrücken, 329

# Danksagung

Mein größter Dank gilt meiner Frau Natascha Walch, die stets im Haus ist, kühlen Kopf bewahrt und schaut, dass alles läuft. Sie ist immer an meiner Seite, unterstützt mich, hat eine ruhige Hand und einen Blick fürs Detail. Dann möchte ich meiner Mutter Burgi danken. Sie hat die kulinarische Entwicklung der Roten Wand mitgetragen und mich dabei stets unterstützt.

Als Herausgeber möchte ich mich bei Christian Seiler, Heike Bräutigam und Ingo Pertramer für die tolle Zusammenarbeit und Umsetzung bedanken.

Für die organisatorische Hilfe bei der Entstehung des Buches möchte ich danken: Max Natmessnig & Bekah Natmessnig-Roberts, Daniel Reifecker, Florian Armbruster, Christopher van den Abeelen, Sarah Scherer, Magdalena Walch, Javier Torrente Seoane, Victoria Schneider.

Ich möchte meinem kompletten Team danken: Ali Ahmed Farah, Nuno Filipe Amaro Monteiro de Paiva, Dimitar Anev, Lotta Auer, Marco Baumgartner, Katharina Bayer, Theresa Bischof, Tobias Bischoff, Amelie Blaas, Carina Bösch, Markus Buchebner, Lyubomira Dimova, Mirzeta Dizdarevic, Ganka Dobreva, Florian Dreshaj, Alexander Eller, Mária Kristína Firmentová, Moritz Frick, Brigitta Fülöp, Hermann Galler, Lisa Gastl, Celina Greiter, Nicolas Gruber, Anna-Maria Hallbauer, Hannah Höfle, Tim Andreas Hofmann, Julia Hofstätter, Ariana Huber, Martin Jurik, Rickard Kahns, Hasan Kaplan, Abdülkadir Karakoc, Maria Kodajova, Tony Peter Köhle, Julius Kopp, Marie-Luise Kriebitzsch, Theresa Maria Kupnik, Natalja Lechthaler, Jonas Leithner, Elisa-Martina Loibner, Vesko Madzharov, Gabriella Julianna Magyi, Miliana Marinkovi, Martin Maskal, Natasha Tsekova Ninkova, Ramóna Nyulas, Berivan Odun, Angelina Maria Ortler, Julius Nicolai Oswald, Markus Penz, Martina Prenn, Georg Pritz, Maher Rajab, Maximilian Schäfer, Laura Sophie Schifer, Martin Schöpf, Sandra Simic, Annika Steinböck, Julian Stieger, Orsolya Szalai, Sándor Temesi, Janos Tombor, Erika Tvrda, Laszlo Valko, Sophia Walch, Valentin Walch, Josef-Martin Walch, Pascal Wanderer, Simone Wecht, Regina Wenleder, Ramona Wiederin, Raphael Wolf.

Und meinen Produzenten und Lieferanten danke ich für ihre Flexibilität, Loyalität und die perfekte Zusammenarbeit: AGM, Alexander Dür – Backstube Lech, Martin Walch – Fisch & Feinkost Mittermayr, Andreas Mittermayr – Flötzerhof, Familie Hörfarter – FruchtExpress, Familie Grabher – Die Gstachs, Familie Gstach – Gstreins Käse.Feinkost, Familie Gstrein – Handl Tyrol, Karl Christian Handl – Der Martinshof, Familie Martin – Metzler Käse, Familie Metzler – Neurauter* frisch, Familie Neurauter – Pilz Lenz, Bettina Lenz – Thum Schinken, Roman und Jara Thum – Vetterhof, Familie Vetter – Walser Metzgerei, Herbert und Anton Walser – Wetter Wild, Familie Wetter – Winderhof, Familie Winder – Zuger Rind, Elmar Schneider.

Alle Rechte vorbehalten.
© CSV GmbH, Fahndorf/Wien 2020
Herausgeber: Joschi Walch
Texte: Christian Seiler
Fotografie: Ingo Pertramer
Lektorat: Heike Bräutigam
Korrektorat: Claudia Fritzsche
Grafisches Konzept und Umschlaggestaltung: buero8
Satz: Judith Heimhilcher
Lithografie: Florian Payer
Druck und Bindung: Aumayer Druck, Munderfing
ISBN 978-3-9519829-0-8
csv.at